Martina Kolthoff

Gesprächskultur mit Kindern

Martina Kolthoff

Gesprächskultur mit Kindern

klein&groß
PraxisExpress

Beltz Verlag · Weinheim und Basel

BELTZ

Ihre Wünsche, Kritiken und Fragen richten Sie bitte an:
Verlagsgruppe Beltz, Verlagsbereich Frühpädagogik,
Werderstraße 10, 69469 Weinheim

ISBN 13: 978-3-407-56326-2
ISBN 10: 3-407-56326-4

1. Auflage 2006

06 07 08 09 10 5 4 3 2 1

Planung und Konzept: Ulrike Bazlen, Weinheim
Lektorat: Eva Killmann von Unruh, München
Herstellung: Uta Euler, Weinheim
Layout: Ulrike Bazlen, Weinheim, Anja Kuhne, Leipzig, Markus Schmitz, Büro für typographische Dienstleistungen, Münster
Satz: Druckhaus „Thomas Müntzer", Bad Langensalza
Druck und Bindung: Druckpartner Rübelmann GmbH, Hemsbach
Umschlaggestaltung: glas ag, Seeheim-Jugenheim
Titelabbildung und Illustrationen: Florian Mitgutsch, München
Printed in Germany

Weitere Informationen finden Sie im Internet unter
www.beltz.de und www.kleinundgross.de

Inhalt

Vorwort

Ein wesentlicher Bestandteil der Arbeit von Erzieherinnen in Kindertageseinrichtungen ist die Kommunikation mit den Kindern. Wenn wir mit Hilfe der Sprache in einen Dialog treten, miteinander reden, unsere Gedanken und Gefühle austauschen, stellen wir einen direkten Kontakt zueinander her. Das bedeutet: Kommunikation ist Beziehung – und im Gespräch bauen wir Beziehung auf. Die Qualität der Beziehung ist abhängig davon, wie wir miteinander reden und uns mitteilen.
Die Sprache ist der Schlüssel zum Kind. Durch sie erfahren wir etwas über seine Gedankenwelt, seine Gefühle und Denkweisen. Kinder sind in höchstem Maße darauf angewiesen, mit uns Erwachsenen in einen Dialog zu treten. Durch Gespräche erleben die Kinder Anerkennung, Wertschätzung und emotionale Zuwendung, ihr Selbstbewusstsein wird gestärkt – oder – im negativen Fall leider auch manchmal untergraben. Beugen wir vor!
Mit Kindern zu reden, sich von ihnen etwas erzählen zu lassen und mit ihnen ins Gespräch zu kommen ist eine wunderbare Erfahrung und bedeutet auch eine große Herausforderung. Räume und Anlässe zu schaffen, wo dieser Austausch mit Kindern stattfindet, bietet die Möglichkeit dafür, dass sich eine Gesprächskultur entwickeln kann. Doch wie findet eine Erzieherin nun den richtigen Raum, die richtige Sprache und die Technik, mit der sie eine bestärkende Kommunikation mit Kindern führen kann? Sie kann Kolleginnen fragen und deren Erfahrungsschatz nutzen. Gerade Kolleginnen mit einer langen Berufserfahrung können auf eine Fülle von praxiserprobten Angeboten und Fachkenntnissen zurückgreifen. Doch das alleine reicht noch nicht aus. Wichtig für die eigene Entwicklung zu einer erfolgreichen Erzieherin ist auch die Kenntnis über theoretische Fachinhalte. Werden nun diese beiden Bereiche miteinander kombiniert, entsteht fundiertes Fachwissen. Und genau diese Verknüpfung macht den Inhalt dieses Buches aus.
So danke ich an dieser Stelle meinen Kolleginnen dafür, dass Sie mir viel aus ihrem Alltag mit Kindern berichtet haben und dieses Buch zu einem richtigen Praxisratgeber werden konnte. Zuallererst gilt mein Dank Gabriele Schwenke, Leiterin des Kindergartens in Otter, für die Ermutigung und Unterstützung beim Schreiben. Danke für manche Stunde des Diskutierens und Reflektierens meiner Arbeit. Ich danke meinen Interviewpartnerinnen Marianne Schüler, Leiterin des Evangelischen Kindergartens „St.Johannis" in Buchholz i.d.N., Edith Scherl, Leiterin des Evangelischen Kindergartens „Im Stocken" in Tostedt, meiner Kollegin Ilona Anhalt aus dem Kindergarten Otter und dem Team des Kindergartens „Regenbogen" in Meiningen/Thüringen unter der Leitung von Felizia Heinrich. Außerdem gilt mein Dank meiner Lektorin Eva Killmann von Unruh, die von Anfang an an mich geglaubt und mir bei der Entstehung des Buches sehr geholfen hat.

Martina Kolthoff
Buchholz, im Juni 2006

Einleitung

Wenn Erzieherinnen eine Gesprächskultur vermitteln wollen, ist es grundlegend zu wissen, wie Kommunikation funktioniert. So beginnt dieses Buch mit zwei kurzen theoretischen Teilen, in denen die Grundsätze beschrieben werden. Dieses Basiswissen ist wichtig, um die Sprachentwicklung beim Kind fördern und gestalten zu können. Die Umsetzung dieser Sprachentwicklung lässt sich dann wunderbar im dritten Kapitel nachvollziehen, in dem die Praxis zu Wort kommt und verschiedenste Gesprächsanlässe im Kindergarten vorgestellt werden. Kinder brauchen für ihre geistige und soziale Entwicklung nicht nur Zeit und Raum, sondern auch den Dialog, den sprachlichen Austausch mit anderen Menschen. So werden sie selbstständig und sind in der Lage, ihren Kindergartenalltag mitzubestimmen. Deshalb geht es im vierten Kapitel unter anderem um die Partizipation von Kindern. Da Kommunikation auch viel mit „Auseinandersetzung" zu tun hat, wird im fünften Kapitel eine Möglichkeit der Konfliktlösung beschrieben, die sowohl zwischen Kindern als auch zwischen Erwachsenen großen Erfolg hat: die Mediation. Im letzten Kapitel stehen weitere wertvolle Praxistipps im Vordergrund, die Gespräche mit Kindern immer besser gelingen lassen.
In jedem dieser sechs Grundkapitel kommen Erzieherinnen zu Wort, die über ihre Erfahrungen einer gelingenden Kommunikation mit Kindern berichten – in Form von Fallbeispielen oder Interviews aus dem Kindergartenalltag. Anschließend folgt eine Analyse, die die Inhalte aufbereitet und erklärt. Anhand von Fragen und Anregungen haben die Leserinnen immer wieder die Möglichkeit, das Gelesene nochmals für sich selbst zu reflektieren und in ihrem Arbeitsalltag umzusetzen.
Alle Anregungen, die dieses Buch geben möchte, sind in der Praxis erprobt worden. Diese Erfahrungen und Gedanken machen Mut, die einzelnen Schritte selbst und im Team auszuprobieren. Vielleicht gibt das Buch auch Anlass dazu, eine Dienst- oder Teambesprechung zum Thema durchzuführen, um die Gesprächskultur im eigenen Kindergarten zu reflektieren.

> Eine Gesprächskultur kann man entwickeln, wenn man es schafft,
> gemeinsam mit Kindern über Gefühle, Wünsche und Bedürfnisse zu reden,
> sich darüber austauscht, was man fühlt und braucht,
> einen geschützten Raum findet, wo man seine Gefühle zeigen darf, wütend sein darf,
> Angst zeigen kann, traurig sein und sich freuen darf!
> Wo jeder einen angstfreien Raum findet, in dem es keine Vorwürfe gibt und kein schlechtes Gewissen – wo man angenommen wird, wie man ist!
> Und eine Sprachebene findet, auf der sich Kinder und Erwachsene verstehen!

Wie funktionieren Sprache und Kommunikation?

Zu Beginn ein Märchen, aus dem deutlich wird, was Sprache bewirken kann:

Der Traum und sein Sinn

Ein orientalischer König hatte einen beängstigenden Traum. Er träumte, dass ihm alle Zähne, einer nach dem anderen, ausfielen. Beunruhigt rief er seinen Traumdeuter herbei. Dieser hörte sich den Traum sorgenvoll an und eröffnete dem König: „Ich muss dir eine traurige Mitteilung machen. Du wirst genau wie die Zähne alle Angehörigen, einen nach dem anderen, verlieren." Die Deutung erregte den Zorn des Königs. Er ließ den Traumdeuter in den Kerker werfen.

Dann ließ er einen anderen Traumdeuter kommen. Der hörte sich den Traum an und sagte: „Ich bin glücklich, dir eine erfreuliche Mitteilung machen zu können. Du wirst älter werden als alle deinen Angehörigen, du wirst sie alle überleben." Der König war erfreut und belohnte ihn reich. Die Höflinge wunderten sich sehr darüber: „Du hast doch eigentlich nichts anderes gesagt als dein armer Vorgänger. Aber wieso traf ihn die Strafe, während du belohnt wurdest?", fragten sie. Der Traumdeuter antwortete: „Wir haben beide den Traum gleich gedeutet. Aber es kommt nicht nur darauf an, was man sagt, sondern auch, wie man es sagt."

Ein wichtiger Teil unserer menschlichen Fähigkeiten ist die Sprache. Durch sie sind wir in der Lage, unsere Gefühle und unsere Gedanken anderen mitzuteilen und uns auszutauschen. Sprache und Kommunikation erlauben es uns, den anderen zu verstehen, ihm zu helfen oder zu ermutigen. Die Sprache verbindet und schafft Gemeinsamkeiten. Aber sie kann auch verletzen und kränken, zu Missverständnissen führen und Konflikte und Streit hervorrufen. Wie kommt es zu diesen Missverständnissen? Warum verstehen wir den anderen oft nicht, obwohl wir doch dieselbe Sprache sprechen? Und wie können wir unser Gegenüber richtig verstehen lernen?

Eine Nachricht wird gesendet

Zum Verständnis, wie eine Nachricht gesendet wird, ist es hilfreich, sich das Kommunikationsmodell von Schulz von Thun anzuschauen. Hier wird dargestellt, was passiert, wenn zwei Menschen miteinander reden.

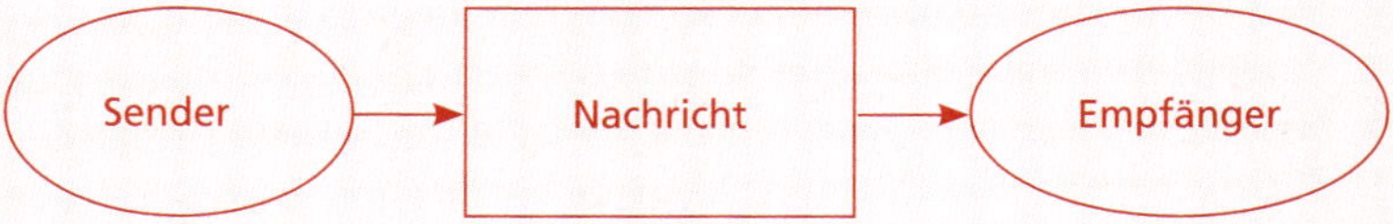

Abb. 1: Eine Nachricht wird gesendet – nach: Monika Bröder, Gesprächsführung im Kindergarten, S. 25

Bei der menschlichen Kommunikation gibt es immer einen *Sender*, der dem anderen, dem *Empfänger*, etwas mitteilen möchte. Die Information, die der Sender dem Empfänger mitteilt, ist eine *Nachricht*. In aller Regel ist es so, dass die gesendete Nachricht mit der empfangenen Nachricht einigermaßen übereinstimmt, so dass eine Verständigung stattfindet. Es kommt aber auch vor, dass der Empfänger den Sender fragt, ob er die Nachricht richtig verstanden und entschlüsselt hat. So kann der Sender überprüfen, ob seine Sende-Absicht mit dem Empfangsresultat übereinstimmt. Eine solche Rückmeldung nennt man Feedback.

In einer Nachricht können viele Botschaften enthalten sein: Die Erzieherin fordert die Kinder auf, sich anzuziehen, weil sie gemeinsam den Spielplatz besuchen wollen. Ein Kind mit offenen Schnürbändern kommt auf die Erzieherin zu und sagt: „Mein Schuh ist noch auf!" Welche unterschiedlichen Botschaften sind in diesem Satz versteckt?

Die Sachinformation – oder: Worüber informiere ich

Jede Botschaft enthält eine Sachinformation. Für unser Beispiel bedeutet das: *„Der Schuh ist auf."* Das heißt, auf der Seite dieser Nachricht steht nur die Sachinformation über einen noch nicht zugebundenen Schuh im Vordergrund.

Die Selbstoffenbarungsseite – oder: Was ich von mir selbst kundgebe

Neben der reinen Sachinformation steckt in jeder Nachricht auch eine Information über die Person des Senders. Zum einen sind das äußere Merkmale, die uns etwas über seine Nationalsprache sagen, zum anderen wird uns etwas über dessen Gefühlslage und innere Befindlichkeit übermittelt. Das Kind in unserem Beispiel sagt uns über die Selbstoffenbarungsseite: *„Ich kann oder will meine Schuhbänder nicht alleine zubinden!"*

Die Beziehungsseite – oder: Was ich von dir halte und wie wir zueinander stehen

Aus der Nachricht auf der Beziehungsseite geht hervor, wie der Sender zu dem Empfänger der Nachricht steht. So können eine Formulierung oder der Tonfall Aufschluss geben, was der Sender vom Empfänger hält. In unserem Beispiel sieht sich das Kind als Schutzbefohlener der Erzieherin und wünscht oder erwartet sich Hilfe von ihr. Das Kind in unserm Beispiel sagt über die Beziehungsseite: *„Du bist meine Erzieherin und hast dafür zu sorgen, dass meine Schuhbänder zugeschnürt werden!"*

Die Appellseite – oder: Wozu ich dich veranlassen möchte

Hier möchte der Sender den Empfänger zu einer ganz bestimmten Handlung veranlassen. Es ist der Versuch, Einfluss zu nehmen, um bestimmte Dinge zu tun oder zu unterlassen. Das Kind hat durch seine Aussage in unserem Beispiel eine ganz bestimmte Erwartung an die Erzieherin. Es appelliert: *„Binde mir die Schuhe zu!"*

Jede Nachricht, die ein Sender dem Empfänger schickt, hat also eine vierfache Bedeutung. Schultz von Thun nennt dies das „psychologische Modell der zwischenmenschlichen Kommunikation" (→ S. 14).

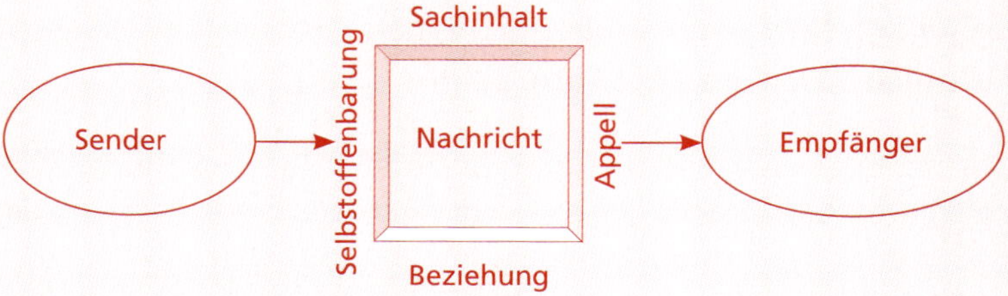

Abb. 2: Das psychologische Modell der zwischenmenschlichen Kommunikation – nach: Schulz von Thun 1999, S. 30

Eine Nachricht wird empfangen – zuhören lernen

Zuhören ist eine der schönsten Formen des Streichelns, die ein Mensch einem anderen zukommen lassen kann! Das Zuhören ist eine der wichtigsten Voraussetzungen, um mit jemandem ins Gespräch zu kommen. Das klingt zunächst recht einfach und selbstverständlich – bei genauerem Hinsehen ist es jedoch gar nicht so einfach, einer anderen Person *wirklich* zuzuhören.

Das Nachrichtenquadrat (→ s.o.) wurde bisher überwiegend aus der Sicht des Senders betrachtet. Wenn die Nachricht nun bei dem Empfänger ankommt, ist es für ihn wichtig, diese vier Seiten: die Selbstoffenbarungsseite, die Beziehungsseite, die Appellseite und die Sachinformation aufzunehmen und richtig zu verstehen. Er hört diese Nachricht auf *vier Ohren*:

- auf dem Sach-Ohr
- auf dem Beziehungs-Ohr
- auf dem Appell-Ohr
- auf dem Selbstoffenbarungs-Ohr.

Für den weiteren Verlauf eines Gesprächs ist es entscheidend, dass der Empfänger merkt, welche Information für den Sender besonders wichtig war, das heißt aber auch, auf welchem Ohr der Empfänger vorrangig hört. Manche Menschen verstehen vorwiegend den Sachinhalt einer Nachricht. Sie hören verstärkt auf dem *Sach-Ohr*. Manche fühlen sich sofort persönlich betroffen, weil sie die Beziehungsebene sehr beachten. Sie hören verstärkt auf dem *Beziehungs-Ohr*. Für andere steht die Selbstoffenbarungsseite im Vordergrund, das *Selbstoffenbarungs-Ohr*. Und andere handeln sofort und verfallen in Aktionismus, weil sie hauptsächlich auf dem *Appell-Ohr* hören.

Am Besten würde Kommunikation funktionieren, wenn man auf allen vier Ohren gleich gut hören könnte und die Nachricht so optimal analysieren würde. Doch die Realität sieht etwas anders aus…

Zuhören auf dem Sach-Ohr

Manche Menschen hören eine Nachricht verstärkt auf der Sachseite. Sämtliche Diskussionen versuchen sie auf dieser Ebene zu lösen. In den meisten Fällen ist eine Auseinandersetzung nur auf der Sachebene aber nicht möglich, denn oft genug ist ein Problem im zwischenmenschlichen Bereich zu suchen.

Fallbeispiel

Es ist 12:30 Uhr und der Kindergarten ist zu Ende. Da kommt eine Mutter, den Rucksack ihres Kindes in der Hand, auf die Erzieherin zu und fragt: „Hat mein Sohn heute etwa nichts gegessen? In seinem Rucksack ist ja noch sein ganzes Frühstücksbrot!" Nun kann die Erzieherin diese Frage ganz sachlich beantworten. Sie überlegt kurz und antwortet der Mutter ob, wann, wie und wo das Kind gefrühstückt hat oder nicht. Doch je nachdem, in welchem Tonfall die Mutter mit ihr gesprochen hat, wird die Erzieherin reagieren. Sie wird diese Nachricht nicht nur auf dem Sach-Ohr, sondern wohl auch auf dem Beziehungs-Ohr gehört haben.

Zuhören auf dem Beziehungs-Ohr

Auf dem Beziehungs-Ohr erfährt der Empfänger etwas darüber, wie der Sender im Augenblick zu ihm steht und was er über ihn denkt. Viele Menschen reagieren gerade hier besonders empfindlich. Sie beziehen jede Gefühlsäußerung des Senders auf sich, nehmen alles persönlich und fühlen sich schnell angegriffen. Dadurch kann ein Gespräch sehr leicht gestört werden.

Falls die Erzieherin in unserem Beispiel extrem auf dem Beziehungsohr hört, würde sie sich von der Frage der Mutter angegriffen fühlen. Sie erkennt einen Vorwurf aus den Worten der Mutter, dass sie sich nicht genug darum gekümmert hat, damit das Kind etwas frühstückt. Die Erzieherin hört vielleicht auch heraus, dass sie deshalb eine schlechte Erzieherin ist. Darauf reagiert sie unter Umständen etwas patzig, kommt schnell in eine Rechtfertigungshaltung und versucht, ihr Verhalten zu erklären. Aber vielleicht wollte die Mutter der Erzieherin ja gar keinen Vorwurf machen, sondern nur eine einfache sachliche Antwort? So verwirrend kann Kommunikation sein.

Zuhören auf dem Appell-Ohr

Wenn ein Mensch mit einem anderen spricht, will er in der Regel bei dem anderen auch etwas bewirken, erreichen oder Einfluss nehmen. Ein Mensch, der nun auf dem Appell-Ohr besonders gut hört, wird den Wünschen und Anweisungen des Senders schnell nachkommen. So reagiert er auf das kleinste Signal, weil er es allen recht machen will. Oft vergessen oder vernachlässigen diese Menschen dabei ihre eigenen Wünsche und Vorstellungen – was sie auf Dauer nicht glücklich macht.

Fallbeispiel

Ein Kind sitzt weinend in der Garderobe und schluchzt: „Meine Hausschuhe sind weg!" Eine Erzieherin, die auf dem Appell-Ohr besonders gut hört, wird sich sofort auf die Suche nach den Hausschuhen machen. Sie kann es nicht ertragen, dass das Kind traurig ist, fühlt sich für sein Wohlergehen zuständig und macht alles, damit das Kind wieder glücklich ist.

Zuhören auf dem Selbstoffenbarungs-Ohr

In jedem Gespräch gibt man etwas von sich selbst preis. Jede Äußerung enthält etwas darüber, wie es einem geht, wie man sich fühlt und was in einem vorgeht. Beim Zuhören auf dem Selbstoffenbarungs-Ohr hat man die Chance, etwas darüber zu erfahren, wie es dem Gesprächspartner geht. Hier besteht die Möglichkeit, sich in die

Gedanken und Gefühle des anderen hineinzuversetzen, um ihn zu verstehen und ihm zu helfen.

Fallbeispiel

Eine Mutter berichtet der Erzieherin: „Seitdem mein Sohn in den Kindergarten geht, macht er nachts wieder ständig ins Bett!" Die Erzieherin, die auf dem Selbstoffenbarungs-Ohr hört, merkt, dass es der Mutter schlecht geht. Sie erkennt, dass die Mutter sich Sorgen macht und darüber reden möchte. Sie könnte antworten: „Sie machen sich Sorgen um Ihren Sohn und befürchten, dass das Einnässen mit dem Besuch des Kindergartens zu tun hat?"

Diese Form des Zuhörens nennt man das *„Aktive Zuhören"* und sie ist unter anderem besonders wichtig, wenn Konflikte zu schlichten sind. Die Inhalte des „Aktiven Zuhörens" werden auf den Seiten 78f. ausführlicher beschrieben.

Wie Körpersprache Kommunikation beeinflussen kann

Die nonverbale Kommunikation, auch Körpersprache genannt, spielt in der Verständigung zwischen Menschen eine große Rolle. Diese nonverbalen Signale, die ein Mensch aussendet, sind normalerweise geradewegs und spontan und von daher meist ehrlich, direkt und echt. Aus diesem Grund hat die Körpersprache eine stärkere Wirkung als die direkte Sprache.

Gerade Kinder reagieren extrem sensibel auf Körperhaltung, Gefühlslage, Gestik und Mimik der Erwachsenen. Da sie sich sprachlich noch nicht so gut ausdrücken können, kommunizieren sie verstärkt über ihre Körpersprache. Deshalb nehmen sie auch Erwachsene auf dieser Ebene verstärkt wahr und geben den nonverbalen Äußerungen mehr Gewicht.

Fallbeispiel

Die Erzieherin möchte, dass die Kinder aufräumen, weil sie anschließend gemeinsam auf den Spielplatz wollen. Sie ruft vom Basteltisch, auf dem sie gerade Ordnung macht, hinüber zur Bauecke: „Räumt die Bauecke auf – wir wollen raus!“ Dann geht sie weiter ihren Aktivitäten nach. Die Kinder in der Bauecke schauen kurz hoch und spielen weiter. Da die Erzieherin nicht direkt zu den Kindern gegangen ist, sich ihnen nicht zugewandt und direkt mit ihnen gesprochen hat, fühlen sie sich auch nicht angesprochen. Die Körpersprache der Erzieherin stimmt nicht mit ihrer Aussage überein. So reagieren die Kinder nicht auf den Hinweis.

Kennen Sie ähnliche Situationen aus dem Kindergartenalltag? Oft sind viele Dinge gleichzeitig zu bewerkstelligen und es bleibt manchmal kaum Zeit, sich einzelnen Kindern direkt zuzuwenden. Bei wichtigen Ansagen oder Anweisungen achten Sie bitte darauf, dass Ihre Körpersprache mit dem Gesagten übereinstimmt.

Analyse

Erzieherinnen sollten im Gespräch mit Kindern in verstärktem Maße darauf achten, dass ihre Körpersprache mit ihren Äußerungen im Einklang ist. Widersprechen sich diese Aussagen, erzeugt das bei Kindern Misstrauen und Unsicherheit. Letztendlich hören die Kinder dann nicht mehr auf das Gesagte, sondern reagieren auf das Verhalten des Erwachsenen. In unserem Beispiel wäre es klug gewesen, in die Bauecke zu gehen und sich die Aufmerksamkeit der Kinder zu sichern, damit diese die Anweisung verstehen und ihr nachkommen können.

Im Kindergartenalltag ist es wichtig, klare Aussagen zu formulieren. Zum einen ist dies zum Wohl des Kindes gedacht, zum anderen ist aus Sicherheitsgründen ein klares „Nein" oft angebracht. So sollten der Tonfall, die Gestik und die Mimik einer Erzieherin mit ihrer Sprache übereinstimmen, damit die Botschaft für das Kind plausibel, eindeutig und klar wird.

- Wie ist meine Körperhaltung: verkrampft, locker, steif? Durch die Körperhaltung zeigen Sie dem Kind, ob Sie sich selbst in einer entspannten oder angespannten Gefühlslage befinden.
- Der Ton macht die Musik! Je nachdem, wie die Tonlage Ihrer Stimme, die Betonung oder der Sprachrhythmus sind, zeigen Sie dem Kind, welche Gefühle und Einstellungen Sie ihm gegenüber haben.
- Mit Ihrer Mimik können Sie ein Kind kommentieren und bestätigen. Indem Sie zum Beispiel die Stirn runzeln, nicken, lächeln oder die Augen verdrehen, können Sie das Erzählte sowohl positiv als auch negativ bewerten.
- Sie können Ihren Äußerungen mit Ihren Gesten eine besondere Betonung geben. Vor allem die Bewegung der Hände verleiht einem Inhalt zusätzliche Gewichtung.

Mit dem Kind auf Augenhöhe

Ein großer Unterschied zwischen Kindern und Erwachsenen ist die Körpergröße. Daran sollte eine Erzieherin denken, wenn sie mit einem Kind spricht. Gerade diese Größenunterschiede nehmen Einfluss auf die Kommunikation. So liegt es in der Natur der Sache, dass der Größere auch immer als der Stärkere angesehen wird. Für Gespräche mit Kindern bedeutet das, dass allein der Größenunterschied die Art und Weise des Gesprächsverlaufs beeinflusst.

Wenn die Erzieherin möchte, dass das Kind ihr zuhört, sollte sie stehen bleiben. Möchte sich die Erzieherin mit dem Kind austauschen, sollte sie sich auf die gleiche Augenhöhe begeben wie das Kind – zum Beispiel in die Hocke gehen. Wenn die Erzieherin etwas von dem Kind erfahren oder sich etwas erzählen lassen möchte, sollte sie eine niedrigere Körperhaltung als das Kind einnehmen, damit das Kind Verantwortung für das Gespräch empfindet.

Probieren Sie diese unterschiedlichen Körperhaltungen ganz bewusst aus und reflektieren Sie für sich das Ergebnis. Mit der Zeit werden Sie feststellen, dass Sie diese unterschiedlichen Positionen verinnerlichen und dann gezielt einsetzen.

Die Körpersprache des Kindes beobachten

Gerade bei jüngeren Kindern ist die nonverbale Kommunikation, die Körpersprache, ausschlaggebend. Wenn eine Erzieherin erfahren möchte, was in einem Kind vorgeht, sollte sie es genau anschauen und seine Gestik, Mimik und Körperhaltung beobachten. Diese nonverbalen Signale sind viel aussagekräftiger als die Sprache des Kindes.
Kinder, die Spaß haben, mit Erwachsenen ins Gespräch zu kommen, zeigen folgende Merkmale:

- Die Körperhaltung des Kindes ist aufrecht und der Erzieherin zugewandt
- Der Blick ist fröhlich und aufgeweckt
- Das Kind erzählt eifrig
- Es zeigt einen interessierten Blick
- Das Kind kann zuhören und tritt in einen Dialog.

Haben Kinder keine Lust zu reden, ist Folgendes zu beobachten:

- Das Kind zeigt eine ruhelose Haltung
- Es wendet den Kopf von der Erzieherin ab
- Der Blick ist unaufmerksam
- Die Körperhaltung des Kindes ist gekrümmt
- Es zeigt eine abwartende Gesprächshaltung
- Das Kind zeigt wenig Interesse am Dialog.

Kinder gleiten oft mitten im Gespräch in eine Fantasiewelt:

- Das Kind hat wenig Kontakt zu der Erzieherin
- Es zeigt eine in sich gekehrte Haltung
- Das Kind redet „vor-sich-hin“ und hat wenig Kontakt zur Erzieherin.

Hat ein Kind Angst vor dem Gespräch, zeigt es folgende Körperhaltung:

- Es ist ruhelos und hat eine etwas erstarrte Haltung
- Das Kind wendet sich von der Erzieherin ab, sucht aber immer einen schnellen Kontrollblick
- Die Körperhaltung ist gekrümmt
- Das Kind hat Mühe beim Sprechen, stottert oder spricht gar nicht.

Die Bedeutung des Augenkontaktes

Wenn man einem Menschen begegnet, erfolgt der erste Kontakt über die Augen: Die Augen sind der Spiegel der Seele. In unserem Kulturkreis wird großer Wert darauf gelegt, dem anderen beim Sprechen in die Augen zu schauen. Das signalisiert Interesse, Ehrlichkeit, Respekt und Offenheit. Geschieht dies nicht, bedeutet das Angst, Ausweichen und fehlendes Interesse.

Bitte bedenken Sie: In vielen ausländischen Kulturen – vor allem in arabischen – bedeutet direkter Augenkontakt geradezu das Gegenteil. Schaut ein Kind einem Erwachsenen direkt in die Augen, ist das ein Zeichen für fehlenden Respekt.

Analyse

Kein Kind sollte dazu gezwungen werden, Augenkontakt aufzunehmen. Dagegen wird sich eine Erzieherin fragen, weshalb kein Augenkontakt stattfindet. Fehlender Blickkontakt kann darauf hindeuten, dass das Kind Angst oder einfach keine Lust hat, sich auf ein Gespräch mit der Erzieherin einzulassen. Der momentane mangelnde Blickkontakt kann aber auch auf eine Konzentrationsphase, in der sich das Kind gerade befindet, hindeuten. Bei Kindern aus ausländischen Kulturen sollte eine Erzieherin mit der Aufforderung zum Augenkontakt vorsichtig sein.

In bestimmten Situationen ist es unabdingbar, das Kind aufzufordern, Augenkontakt aufzunehmen – wenn es sich beispielsweise einer Gefahrensituation aussetzt, während eines Spaziergangs plötzlich aus der Gruppe ausschert und über die Straße laufen will. Dann ist es ausschlaggebend, sich auf die gleiche Augenhöhe des Kindes zu begeben und zu sagen: „Schau mich an! Das ist jetzt ganz wichtig, was ich dir sage. Du darfst nicht …“ So kann eine Erzieherin dem Kind deutlich machen, dass ihre Aussage wichtig ist, sie ernst genommen werden will, weil ihr das Wohl des Kindes am Herzen liegt.

Gespräche in gemütlicher Atmosphäre

Wenn eine Erzieherin mit Kindern ins Gespräch kommen möchte, sind eine gute Atmosphäre und ein gemütliches und entspanntes Umfeld von großer Bedeutung. Dabei spielt es keine Rolle, ob es sich um ein ernsthaftes Gespräch oder um eine lockere Unterhaltung dreht. Wichtig ist, dass die Kinder sich wohl fühlen. Dadurch wird ihre Freude am Gespräch geweckt werden. Sie lernen neben einem besseren Sprachverständnis und der Sprachfähigkeit auch soziale Kontakte aufzubauen und sich miteinander auseinander zu setzen. Wichtig für die Kinder ist die Erkenntnis, dass die Erzieherin ihnen Respekt und Ehrlichkeit entgegenbringt. Das ist die Grundvoraussetzung für eine gute Beziehung zu den Kindern. Sie schenken Erwachsenen uneingeschränktes Vertrauen! Die Kinder glauben den Erwachsenen, was sie sagen, und denken, dass die jeweilige Antwort stimmt. Das bedeutet eine große Verantwortung – aber auch eine Chance, der sich jede Erzieherin bewusst sein sollte.

Gesprächsanlässe im Kindergarten

Der Prozess der Sprachentwicklung ist bei den Kindern, die den Kindergarten besuchen, noch nicht abgeschlossen. Jedes Kind bringt ganz unterschiedliche Voraussetzungen mit: Da gibt es die dreijährigen Kinder, die vielleicht noch in der „Babysprache" sprechen und schlecht zu verstehen sind, und dann die Sechsjährigen, die sich schon richtig gut artikulieren und grammatikalisch richtig ausdrücken können.

Im Kindergarten gibt es eine Fülle von Möglichkeiten, mit den Kindern ins Gespräch zu kommen, um ihre Sprachfähigkeit zu erweitern. Der Alltag im Kindergarten ist geprägt durch immer wieder kehrende Abläufe und Rituale: Das beginnt am Morgen, wenn die Kinder von ihren Eltern gebracht werden, man sich gegenseitig begrüßt und wahrnimmt, in den unterschiedlichsten Gesprächskreisen und beim gemeinsamen Frühstück. Doch es gibt weitaus mehr Sprachanlässe. Beim gemeinsamen Spiel, beim An- und Ausziehen, beim Abwaschen, auf dem Spielplatz…

Wichtig ist, dass die Erzieherin Freude an der Kommunikation hat. Indem sie ihr eigenes Tun und Handeln mit Sprache unterlegt und erklärt, hilft sie den Kindern bei der Begriffsbildung und dem Sprachverständnis. So wird der Wortschatz der Kinder erweitert und aufgebaut. Wenn der Erzieherin dieser Umgang mit Sprache bewusst ist, verstärkt sie auch die Sprechfreude der Kinder, die letztendlich der Antrieb für diese ist, etwas Neues zu lernen.

Kinder haben ein großes Bedürfnis, sich mitzuteilen. Sei es, dass sie etwas Schönes erlebt haben, sich freuen, oder traurig sind, sich ärgern oder gerade gestritten haben. Diese Spannbreite von Gefühlen und Emotionen kann die Erzieherin aufgreifen. Das fördert auf der einen Seite die Sprachkompetenz der Kinder, stärkt das Sozial- und Konfliktverhalten und trägt andererseits zur Entwicklung einer Gesprächskultur bei.

Die morgendliche Begrüßung

Wenn Kinder morgens im Kindergarten eintreffen, kommen sie aus ganz unterschiedlichen Lebenssituationen. Die einen sind vielleicht noch müde, andere haben noch nicht gefrühstückt oder sind gerade im Stress mit einem Elternteil – aus welchen Gründen auch immer. Es sind so viele Kleinigkeiten, die den Kindern den Anfang am Morgen erschweren oder auch erleichtern können.

Wenn eine Erzieherin in dem Moment des Ankommens präsent ist und Kontakt zu dem Kind und den Eltern aufnimmt, wird die Situation für das Kind einfacher. Gerade durch ein fröhliches „Hallo“ und ein kurzes Gespräch kann dem Kind das Gefühl von Nähe und Sicherheit vermittelt werden.

Fallbeispiel

Eine Erzieherin berichtet: „Wir haben das Glück, in einer Integrationsgruppe zu Dritt zu arbeiten. So kann eine von uns morgens in der Garderobe sein. Wenn die Eltern dann mit ihren Kindern in den Kindergarten kommen, übernimmt eine von uns die Kinder von den Eltern. Das bedeutet: Wir sind über die Eltern mit den Kindern im Gespräch. Dadurch schafft man ein Bindeglied zwischen der Situation, aus der die Kinder kommen, und der Situation, in die sie jetzt hineingehen. Wir können im Gespräch mit dem Kind hören, wie es sich gerade fühlt: Ist es vielleicht ein wenig kränklich, verschnupft oder hat es schlecht geschlafen?

Dieses erste Gespräch am Morgen hat sich nicht nur im Kontakt zu den Kindern ausgezahlt, sondern auch in der Kommunikation mit den Eltern. Denn auch sie kommen zu Wort. Dadurch merken die Kinder, dass wir die Eltern respektieren und wichtig nehmen. Und das hat zur Folge, dass sich auch die Kinder respektiert und wichtig genommen fühlen.

Wenn die Kinder dann in den Gruppenraum zu den anderen beiden Erzieherinnen gehen, haben sie schon einmal Kontakt zu einer Person aus der Einrichtung aufgenommen. Beim Eintreffen in der Gruppe sind sie aufgefordert, sich in irgendeiner Form zu begrüßen. Mit einem „Hallo“ oder „Guten Morgen“, so dass die anderen beiden Kolleginnen eine Chance haben, gleich zu schauen, wer gerade angekommen ist und ihn auch begrüßen zu können. Das ist uns ganz wichtig! Das Kind soll das Gefühl haben, im Blickpunkt zu sein. Oft hören die anderen Kinder dann auch schon an den wenigen Begrüßungsworten, wer da gekommen ist, und fordern ihren Kumpel gleich auf, mitzuspielen.“

Analyse

Dieser erste Kontakt am Morgen zu den Kindern hat auch einschneidende Auswirkungen auf die Elternarbeit. Denn die Eltern merken, dass es da jemanden gibt, der sich für ihr Kind interessiert und sich darum kümmert, wie es ihm geht. Das gibt den Eltern die Sicherheit und das Vertrauen in den Kindergarten und vermittelt ihnen das Gefühl, dass ihr Kind gut aufgehoben ist. Sie erleben, dass ihre Bedürfnisse ernst genommen werden.

Überlegen Sie, wie Ihre morgendlichen Begrüßungsrituale aussehen. Was ist Ihnen in dem Moment wichtig, wenn die Kinder ankommen?

Der Morgenkreis

Jeder Kindergarten und oft auch jede Gruppe hat ihre eigenen ganz speziellen Erzählkreise. In diesen Gesprächsrunden geht es vor allem darum, sich gegenseitig bewusst wahrzunehmen, anzuschauen und ein Stück Beziehungspflege zu betreiben. Das hat natürlich ganz viel mit Sprachgebrauch zu tun: zum einen in Form von Gesprächen zwischen Erzieherin und Kindern über ein bestimmtes Thema, aber auch in der Umsetzung durch Lieder, Fingerspiele und Reime.

Im Rahmen meiner Recherche zum Thema habe ich viele unterschiedliche Kindergärten besucht: Was keiner missen möchte, ist der gemeinsame Morgenkreis. Sich am Anfang des Tages gegenseitig einmal bewusst anzuschauen und einander wahrzunehmen steht dabei im Mittelpunkt. Jede Erzieherin kann sofort sehen: Wer ist krank oder im Urlaub? Wie viele Kinder sind da? Wie viele Kinder fehlen? Der Morgenkreis ist auch ein Anlass, um mit den Kindern ins Gespräch darüber zu kommen, was sie gerade beschäftigt und was ihnen wichtig ist.

Interview ??!

Martina Kolthoff: Welche Erfahrungen im Bereich der Gesprächskultur haben Sie im Morgenkreis mit den Kindern aus Ihrer Einrichtung gemacht?

Gabriele Schwenke: Die Kinder sind in unserem Morgenkreis sehr erzählfreudig. So lautet die zentrale Frage am Morgen: Wer von euch hat etwas Wichtiges zu erzählen? Dann können die Kinder zum Beispiel darüber berichten, was sie am Vortag gemacht haben oder am Nachmittag noch vorhaben. Bestimmte Gesprächsregeln sind dabei festgelegt, so dass die Kinder wissen, dass sie nicht alle durcheinander reden können. Jeder hat das Recht zu reden, aber auch die Pflicht, den anderen ausreden zu lassen. Das hat viel mit Verantwortung zu tun! Die Kinder dürfen so lange reden wie sie wollen. Falls eines es nicht so lange aushalten kann, wird es von der Erzieherin, die den Morgenkreis leitet, am Arm berührt oder ihm wird ein Signal gegeben, was so viel bedeutet wie: Ich hab dich im Blick, ich weiß, du willst noch etwas sagen, aber warte bitte noch einen Moment! Die Kinder müssen wissen, dass sie das, was ihnen auf der Seele liegt, auch aussprechen dürfen.

Marianne Schüler: In unserem Morgenkreis dürfen an einem Tag die Mädchen und an einem anderen die Jungen erzählen. Das ist eine feste Regel, denn sonst würden wir mit der Zeit nicht auskommen. Den Kindern ist diese Regelung so wichtig, dass ich darüber sogar Buch führen muss. Dann bekommen die Kinder von mir eine Erzählkugel in die Hand gegeben, und sie können berichten, was sie erlebt haben. Ich habe festgestellt, dass die Kinder viel lieber erzählen, wenn sie etwas in der Hand halten. Das erleichtert ihnen das Sprechen. Manchmal merke ich, dass es einigen Kindern schwer fällt, zuzuhören, wenn andere für sie nicht so interessante Dinge zu berichten haben. Ich bestehe aber darauf, dass während einer Erzählung wirklich absolute Ruhe herrscht. Da wird nichts anderes gemacht, sondern ausschließlich dem betreffenden Kind zugehört. Allerdings gebe ich dann manchmal einen kleinen Wink und sage: Du hast uns jetzt ja viel erzählt, das war sehr interessant; aber nun gib´ mal die Kugel weiter. Und dann sagen die Kinder in einigen Fällen: Oh, nur noch eine Sache! Gerade die Jüngeren sagen oft etwas um des reinen Erzählens willen, was die Größeren dann nicht so interessiert. Aber trotzdem sind alle bei diesen Gesprächen gleich wichtig!

Analyse

Diese täglichen morgendlichen Gespräche bieten eine große Chance, gemeinsam zu kommunizieren und Anteil zu nehmen am Leben anderer. Es gehört auch eine Menge Mut dazu, ganz alleine vor all den anderen Kindern zu reden. Dann das Interesse der anderen zu spüren, wahrgenommen zu werden, hebt den Selbstwert eines jeden Kindes.

Welche Erfahrungen haben Sie im Gesprächskreis gemacht? Wie wichtig ist den Kindern dabei eine Gesprächskugel oder ein Gesprächsstein – eher eine Hilfe, oder lenkt solch ein Gegenstand die Kinder eventuell nur ab?

Musikalische und rhythmische Sprachanlässe

In vielen Kindergärten hat das Singen und Musizieren einen hohen Stellenwert. Gerade die musikalisch-rhythmische Erziehung in Form von Liedern, Singspielen, Sprechreimen, Abzählversen ist ein wirkungsvoller Bestandteil der sprachlichen Bildung. Durch diese rhythmischen Spielformen lernen die Kinder neben sensorischen, emotionalen und sozialen Fähigkeiten auch ganz nebenbei den Sprachrhythmus und den grammatikalischen Satzaufbau der Sprache und erweitern ihren Sprachschatz.

So beinhalten viele Kinderlieder nicht nur das reine Mitsingen, sondern auch eine mimisch-gestische Begleitung oder körperliche Mitbewegung; zum Beispiel in Form von Klatschen oder mit den Füssen stampfen. Diese Kombination von Musik, Sprache und Bewegung regt auf spielerische Weise viele Sinne an. Die Sprache bekommt ein „eigenes Gesicht".

Es gibt eine Fülle von (Abzähl-)Reimen, die man an die Kinder weitergeben kann und die diese mit viel Freude nicht nur nachsprechen, sondern die durch die Bewegung, mit Instrumenten oder als Partnerspiel zu einem Wahrnehmungs- und Sprachförderungsangebot mit allen Sinnen werden.

Durch das ständige Wiederholen aber auch durch das Verändern von Texten und Rhythmen werden die Sprache, das (Zu-)Hören und das räumliche Gedächtnis gefördert. Gerade Wiederholungen geben den Kindern Sicherheit, so dass sie sich ganz individuell nach ihrem eigenen Tempo entwickeln können.

Wie spielerisch Kinder mit Sprache umgehen, zeigt sich auch in den vielen, bei Kindern beliebten Abzählreimen. Kinder bevorzugen dabei oft mündlich überlieferte Reime, die manchmal auch etwas Provozierendes enthalten können.

Fallbeispiel

Eine Erzieherin berichtet: „Wenn sich bei uns Kinder nicht einigen können, machen sie oft einen Abzählreim. Die Kinder lieben gerade den folgenden Reim, ich persönlich mag ihn nicht so gerne:

Eine kleine Mickymaus

zog sich mal die Hose aus,

zog sie wieder an

und du bist dran!“

Analyse

Gerade in solchen Sprechversen entdecken die Kinder den selbstständigen Umgang mit Sprache. Und sie freuen sich, wenn Erwachsene über den Inhalt leicht die Nase rümpfen. Im Gegensatz zu den „braven" Kinderliedern bereiten diese eher provozierenden Reime den Kindern besonderen Spaß. Sprachspiele, die lustig sind, spannend und die Welt umkehren, sind für sie viel faszinierender. Es gibt eine Fülle von diesen so genannten „Quatschliedern" – meistens gräbt man diese gerade zur Faschingszeit aus –, doch lassen sie sich über das ganze Jahr verteilt singen.

Üben Sie mit Ihren Kindern doch einmal folgenden Reim ein. Der Erfolg ist Ihnen garantiert:

„Oh Manne manne mei, Makkaronie futschi dei,

futschi dei dei dei, Papageigeigei,

Oma Lutschbonbon, Pralinés 1a

Alle Affen, die da gaffen, machen ssst ta ta,

alle Schweine an der Leine machen brrrrr …"

(Dabei zeigt man sich eine lange Nase)

Bilderbuchbetrachtung

Bücher und Geschichten eigenen sich hervorragend, um mit Kindern ins Gespräch zu kommen. Ob Vorlesen, Erzählen oder Fantasieren – alle diese Aktionen wirken sich positiv auf die Entwicklung des Kindes aus. Bücher vermitteln den Kindern in erster Linie Wissen über sich und die Welt und regen zum Nachdenken an. Sie laden die Kinder ein, in eine Fantasiewelt zu reisen, in der sie sich in andere Personen hineinversetzen können. Sie erleben deren Gefühle und Gedanken und identifizieren sich mit ihnen. Dadurch lernen sie etwas über den sozialen Umgang mit- und untereinander.

Kinder bekommen beim Vorlesen und Erzählen von Geschichten ein Gefühl für die Sprache. Sie lernen, sich auf die sprachlich vermittelte Botschaft zu konzentrieren und diese zu entschlüsseln. Gerade die Verbindung von Bildern in einem Bilderbuch mit der dazu gehörten Geschichte unterstützt den Aufbau des Sprachverständnisses, erweitert den Wortschatz und vermittelt ein Gefühl für die Satzstruktur.

Kinder, die es gewohnt sind, dass ihnen vorgelesen wird, die dabei eine (altersentsprechende) Zeit lang still sitzen, zuhören und sich auf die Geschichte konzentrieren können, bringen gute Voraussetzungen für die Lesekompetenz mit, die die späteren Schulleistungen wesentlich beeinflusst.

Interview ?!

Martina Kolthoff: Welche Erfahrungen haben Sie in Ihrer Einrichtungen mit dem Vorlesen gemacht?

Marianne Schüler: Wir lesen jeden Tag im Morgenkreis eine Geschichte vor. Zurzeit ist es der Kleine Wassermann von Ottfried Preußler. Mich erstaunt immer wieder, wie intensiv und wie lange die Kinder zuhören können. Vielleicht liegt es auch daran, dass ich unglaublich gerne vorlese. So sind die Kinder während der Dauer des Vorlesens total gebannt und still, und ich habe manchmal das Gefühl, sie kriechen in mich hinein. Man kann sie dabei manchmal zu Tränen rühren!

Ilona Anhalt: Wir veranstalten regelmäßig ein Bilderbuchkino. Die Stühle im Gruppenraum werden wie in einem Kino in Reihen hintereinander aufgestellt. Auf jedem Stuhl liegt eine Memorykarte. Das Gegenstück bekommen die Kinder als Eintrittskarte in die Hand. Wenn das Bilderbuchkino beginnt, suchen sich die Kinder den Platz, auf dem ihre zweite Memorykarte bereits liegt. So entsteht eine gemischte Sitzreihe. Ich stehe oder sitze dann vor den Kindern und erzähle eine Geschichte oder lese sie vor. Schon alleine durch dieses Anfangsritual sind die Kinder motiviert und daran interessiert, zuzuhören!

Andere Erzieherinnen erzählen, dass sie lieber in kleinen Gruppen vorlesen, weil die Kinder so konzentrierter zuhören können.

Analyse

Ob Kinder vom Vorlesen profitieren, ist ganz davon abhängig, wie man eine Geschichte erzählt. Es ist immer von Vorteil, wenn die Erzählung eingerahmt ist in ein bestimmtes Ritual, so dass den Kindern bewusst wird, dass jetzt gleich etwas Spannendes und Interessantes folgt. Ob man einen bestimmten Gegenstand in die Mitte des Sitzkreises legt, eine Kerze anzündet oder eine Klangschale zu Beginn benutzt ist dabei ganz egal. Eine Geschichte sollte einen klaren Anfang und ein Ende haben, damit die Kinder eintauchen können in die Welt der Fantasie.

Bilderbücher können sehr sinnvoll im Rahmen der Sprachförderung eingesetzt werden. Ganz individuell auf die Sprachentwicklung und das Alter der Kinder ausgerichtet, kann die Erzieherin ein Bilderbuch

- vorlesen
- erzählen – oder
- sich den Inhalt im Dialog mit den Kindern erarbeiten.

Die Form des Vorlesens, bei der der Originaltext von Anfang bis Ende rezitiert wird, ist geeignet, wenn die Kinder bereits ein gewisses Sprachverständnis mitbringen und sich über einen längeren Zeitraum konzentrieren können, um der Geschichte bis zum Schluss zu folgen. Wichtig ist dabei, dass die Erzieherin die Geschichte durch die Betonung der Worte „lebendig" werden lässt. Das bedeutet, dass sie ihre Stimme bewusst einsetzt: mal laut, mal leise, mal schnell, mal langsam. Durch dieses melodische Sprechen und die Betonung von Worten und Sätzen wird der Spannungsbogen der Geschichte erhöht. In Büchern gibt es ganz unterschiedliche Sprachstile. Märchen haben eine ganz andere Sprache als moderne Literatur. Durch das Vorlesen lernen die Kinder diese unterschiedlichen Schreibstile kennen und verstehen. Die Schriftsprache hat einen viel größeren Wortschatz und ist auch bedeutend variationsreicher als das gesprochene Wort.

Erzieherinnen können Bilderbücher auch erzählen. Dieses Vorgehen ist zu empfehlen, wenn die Kinder einem vorgelesenen Originaltext noch nicht folgen können. Die Erzieherin orientiert sich an dem Sprachniveau der Kinder und erzählt im Rahmen des jeweiligen Sprachentwicklungsstandes die Geschichte nach.

Wenn Kinder Unterstützung bei der Erweiterung ihrer Sprachkompetenz brauchen, ist die Methode der dialogorientierten Bilderbuchbetrachtung hilfreich. Die Erzieherin erarbeitet sich von Anfang an gemeinsam mit den Kindern den Inhalt des Buches mit Hilfe der Bilder. Bilder fordern Kinder dazu heraus, Fragen zu stellen, zu erzählen und zu kommentieren. Dadurch werden sie angeregt, sich sprachlich zu äußern und ihrer Fantasie Raum zu lassen. Die Erzieherin ist somit nicht nur Erzählerin, sonder gleichzeitig auch Zuhörerin. Dabei kann es passieren, dass eine ganz andere Geschichte als die Originalerzählung plötzlich zum vorliegenden Buch entsteht. Denn Ziel dieser Methode sollte sein, die Kinder das Tempo und den Inhalt bestimmen zu lassen. Gerade der Dialog mit den Kindern ist entscheidend für die Sprachförderung.

Analyse

Bilderbuchbetrachtungen sollten zum Alltag in jeder Einrichtung gehören. Doch manchmal fehlt dafür einfach die Zeit, Personalfragen oder aktuelle Projekte stehen im Vordergrund. Ein Wochenplan ist hilfreich, um regelmäßige Zeiten des Vorlesens fest einzuplanen. Vielleicht findet sich auch eine Kollegin, die Spaß am Vorlesen hat und sich regelmäßig, einmal oder sogar noch öfter pro Woche, mit einigen Kindern in eine stille Ecke zurückzieht. Eine „Geschichtenerzählerin“ im Kindergarten zu haben, ist eine spannende Sache!

Wie oft kommen Sie in der Woche dazu, Ihren Kindern vorzulesen? Welche Form der Bilderbuchbetrachtung eignet sich dabei für welches Kind?

Kinder haben viele Fragen

Kinder gehen mit großer Neugierde und Interesse durch das Leben. Vieles ist für sie neu und unbekannt und möchte entdeckt werden. Dazu gehört es, dass sie Fragen an die Erwachsenen stellen. Durch dieses Fragen zeigen sie Interesse, ihre Umwelt erforschen und begreifen zu wollen. Diese Fragen sind das Ergebnis aus bereits gemachten Erfahrungen, gekoppelt mit dem Wunsch, noch mehr Wissen und Informationen zu sammeln, um dem Gesehenen einen

Namen zu geben. Für die geistige Entwicklung und das selbstständige Lernen von Kindern ist es zentral, dass sie Fragen stellen. Und bekommen die Kinder dann Antworten auf ihre Fragen, bedeutet das, dass sie eine Aufgabe gelöst haben und damit ein Stück geistig gewachsen sind.

Durch Fragen treten die Kinder in einen Dialog mit anderen Menschen. Sie sprechen über eigene Sichtweisen, tauschen sich aus und erfahren neue Informationen und Denkansätze. Fragen haben also auch eine wichtige soziale und kommunikative Funktion.

In dem Moment, an dem Kinder anfangen, sich ihre Welt denkend anzueignen, kommen ihnen viele Fragen in den Sinn. Denn für sie ist die Welt der Erwachsenen bewundernswert, aber voller Rätsel. So entwickeln Kinder eine Fülle von Fragetechniken:

- Wollen sie eine reine Sachinformation haben, fragen sie: Wer? Wann? Wo?
- Möchten sie wissen, wie Dinge funktionieren oder eine Begründung für eine bestimmte Handlung haben, fragen sie: Wieso? Weshalb? Warum?

Oft stehen die Kinder der Welt staunend gegenüber. Dann kommen ihnen Fragen in den Sinn, die die Grenzbereiche menschlichen Wissens berühren. Und das ist der Ursprung der Philosophie! Woher kommen wir? Wohin gehen wir? Wer hat die Menschen und die Welt erschaffen? Viele Erzieherinnen gehen diesen Fragen aus dem Weg, und oft steckt dabei die eigene Rat- und Hilflosigkeit dahinter. Manchmal kommt dann die Antwort: „Das ist eben so!“ Doch ist es enorm wichtig, gerade auch diesen Kinderfragen nachzugehen und sie ernst zu nehmen. Je interessierter und offener die Erzieherin mit diesen Fragen umgeht, umso mehr Raum lässt sie den Kindern, um über diese Ursprünge des Seins nachzudenken. Andersherum gesagt: Sollen Kinder sich einen philosophischen Zugang zur Welt schaffen, müssen sie fragen!

Es bedarf keiner zusätzlichen Fortbildung, um mit Kindern zu philosophieren. Im Gegenteil: Es zählt alleine die Bereitschaft der Erzieherin, sich offen und ehrlich auf ein Thema einzulassen, das für sie selbst unbekannt ist. Ins Gespräch zu kommen und Rückfragen zu stellen wie: „Was meinst du dazu?“ – oder: „Wie stellst du dir die Sache vor?“ regen das Kind zum Selber-Denken an.

Interview

Martina Kolthoff: Frau Schwenke, wie gehen Sie mit so genannten philosophischen Fragen Ihrer Kinder um?

Gabriele Schwenke: Hierzu ein Beispiel. Vor einiger Zeit hatten wir ein Kind in der Gruppe, Bärbel, deren Schwester mit sechs Jahren an Krebs gestorben ist. Es war für uns alle unfassbar! Dass ein Kind in so jungen Jahren stirbt, muss man erst einmal aushalten. „Aushalten" im Sinne von „offen sein", um sich mit dem Thema „Tod" auseinanderzusetzen. Für mich und für uns als Team war die eigene Auseinandersetzung mit diesem Thema enorm wichtig! Dass Bärbel sich in unserer Gruppe letztendlich so sicher und geborgen fühlte, beruht auf der Tatsache, dass wir jeden Tag bereit waren, über dieses Thema zu sprechen. Tod bedeutet für uns nicht nur, dass man den ganzen Tag lang traurig ist. Es bedeutet auch, sich immer wieder daran zu erinnern, was man Schönes mit der Schwester erlebt hat, was man gemocht und was man zusammen gespielt hat. Wenn man mit Kindern über den Tod reden will, kann man sich wunderbar an der Natur orientieren. Damals fand ich in unserer Hecke einen Rosenzweig. An dem war alles dran, was eine Rose ausmacht: Es waren Blätter dran, die halb erblühte Knospe, die volle Blüte und auch die verblühte sowie bereits der Ansatz zu einer Hagebutte. Daran habe ich versucht, Bärbel den Lauf des Lebens zu erklären. Ich habe ihr aber auch gesagt, dass manche Dinge im Leben, wie der frühe Tod, einfach nicht zu erklären sind. Manchmal muss man Dinge einfach aushalten!

Analyse

Letztendlich geht es im Gespräch mit Kindern nicht immer darum, eine abschließende Lösung oder Antwort auf eine Frage zu finden. Wichtig ist es, erst einmal die Offenheit zu besitzen, sich mit ungelösten Fragen zu beschäftigen. Sich die Zeit und den Raum zu nehmen, um sich gemeinsam auf die Suche nach mögliche Antworten zu machen. Manchmal ist es ganz einfach wichtig, auf rasche Lösungen zu verzichten, um bei den Kindern eine Kultur der Nachdenklichkeit zu entwickeln. Kinder lernen in anderen Dimensionen zu denken und erfahren neue und vielleicht ungewohnte Sichtweisen. Gerade die Erfahrung, dass es in manchen Fällen keine zufrieden stellende Antwort gibt, macht Kinder zu fragenden und nachdenklichen Menschen.

Wer sich im Gespräch mit Kindern auf den Weg macht, die Welt philosophisch zu erklären, regt das selbstständige Denken der Kinder an. Das gibt ihnen Selbstvertrauen, eigene Standpunkte zu entwickeln und zu begründen. Es gibt Dinge im Leben und auf der Welt, auf die kein Mensch eine eindeutige Antwort hat. Doch ist es gut, sich gemeinsam auf die Suche nach möglichen Antworten zu machen, indem man dem anderen zuhört, über das Gehörte nachdenkt und Gedanken weiter entwickelt. Hier handelt es sich um elementare Grundlagen für eine Gesprächskultur mit Kindern, in der es um gegenseitige Verständigung und einen offenen respektvollen Umgang mit anderen Menschen geht.

Welche Fragen beschäftigen Ihre Kinder gerade in der Gruppe? Über welches Thema können Sie mit den Kindern besonders gut ins Gespräch kommen? Lassen Sie sich einmal ganz auf die Kinderfragen ein und entdecken Sie das Faszinierende und Rätselhafte dieser Welt neu!

„Erzähl mir was!" – vom Geschichten erzählen

Im Kindergartenalltag wird jede Erzieherin tagtäglich mit Geschichten konfrontiert. Sei es, dass ihr eine Kollegin ein Ereignis mitteilt, ein Elternteil oder ein Kind berichtet, was es erlebt hat. Alltagsgeschichten verlaufen wechselseitig, das heißt, es gibt einen Erzähler und einen Zuhörer, die sich beide an der Unterhaltung beteiligen können. Die Gesprächspartner hören einander zu und reagieren auf die Äußerungen des jeweils anderen.

Genauso verhält es sich, wenn man Kindern eine Geschichte erzählt. Eine Geschichte wird in der Regel von dem Erzähler (der Erzieherin) mit vielen Gesten und Mimik begleitet. Dabei beobachtet die Erzieherin die Kinder sehr genau und reagiert auf jede verbale und nonverbale Äußerung. Die Kinder werden mit in die Geschichte einbezogen und Passagen gegebenenfalls ausgeschmückt, wenn die Erzieherin merkt, dass sie die Kinder in ihren Bann ziehen. Genauso wird sie eine Geschichte abkürzen, wenn sie erkennt, dass ihr keiner mehr richtig zuhört.

Kinder zwischen drei und sechs Jahren befinden sich im so genannten „Erzählalter". Sie leben in einer Fantasiewelt und erklären sich ihre Welt über Geschichten. Diese spiegeln Wünsche, Probleme und Konflikte der Kinder wider. Die gehörten Geschichten sind Vorlage für ihre Rollenspiele. Und durch Rollenspiele wiederum wird die Fantasie der Kinder angeregt und für sie werden dann Wünsche und Träume Wirklichkeit. Rollenspiele helfen, eigene Gefühle und Gedanken zu ordnen und anderen mitzuteilen.

Wenn Kindern eine Geschichte erzählt wird, sind sie nicht nur Zuhörer, sondern auch Zuschauer. Sie beobachten den Erzähler ganz genau und reagieren dementsprechend. Dieses Verhalten ist Grundlage für jede zwischenmenschliche Unterhaltung. Denn jede Sprache wird mit gestischen und spielerischen Zeichen ergänzt und trägt zum Verständnis des anderen bei. Kinder lernen Sprache im Dialog und Austausch mit anderen.

Fallbeispiel

Eine Erzieherin berichtet: „Wir hatten vor kurzem einen bekannten Kinderbuchautor und Illustrator zu Besuch. Die ganze Halle war für das Ereignis vorbereitet und wir saßen dann mit den Kindern und dem Team ganz gespannt da. Der Autor kam mit seinem Chauffeur und seinem Team, setzte sich vor die Kinder und fing an, sein Buch vorzulesen. Da merkte ich sofort, der kann nicht vorlesen! Die Kinder wurden ganz unruhig. Wir haben versucht, sie still zu halten, bis dann ein Kind sagte: Das ist ja langweilig! Da hörte der Autor auf zu lesen, uns war das furchtbar peinlich. Aber er machte dann das einzig Richtige! Er nahm seinen Stift in die Hand und fing damit an, was er eigentlich richtig gut kann: seine Figuren zu zeichnen. Auf einmal waren die Kinder mucksmäuschenstill. Keines bewegte sich mehr. Die Kinder sahen, wie die Figuren auf dem Papier entstehen, die sie aus den Büchern kannten. Über diese Bilder kam der Autor mit den Kindern ins Gespräch und erzählte ihnen durch seine Bilder die Geschichte.“

Analyse

Manchmal, aus welchen Gründen auch immer, fehlt Kindern der Zugang zu einer gelesenen Geschichte. Dann ist es hilfreich, die Geschichte mit eigenen Worten zu erzählen. Spannend wird es für Kinder, wenn, wie in unserem Beispiel, die Figuren durch das Darstellen auf Papier „lebendig“ werden.

Beim Geschichtenerzählen werden Kinder mit in die Handlung einbezogen. Sie können eigene Eindrücke und Betrachtungen mit einfließen lassen und Fragen stellen. Dadurch wird eine erzählte Geschichte ergänzt. Die Kinder können zu Miterzählern werden oder auch dazu ermutigt, selber Geschichten zu erfinden.

Fallbeispiel

Eine Erzieherin berichtet: „Wir haben einen so genannten Erzählstuhl. Zu Beginn setze ich mich auf diesen Stuhl und fange an, eine Geschichte zu erzählen. Zum Beispiel: Es war einmal ein Ritter. Sein Name war Dietrich. Er lebte auf einer großen Burg. Dort war es meistens recht ruhig und gemütlich. Doch eines Morgens wachte er erschrocken auf. Was war das für ein Radau auf dem Burghof. Viele Leute rannten wild durcheinander…

Dann höre ich auf zu erzählen und frage, welches Kind die Geschichte weitererzählen möchte. Dieses Kind setzt sich dann seinerseits auf den Stuhl und darf solange weitererzählen wie es möchte. Anschließend ist ein anderes Kind an der Reihe. Die Geschichten schreibe ich später auf und hänge sie zum Lesen an die Pinwand. Die Kinder sind sehr stolz auf ihre Geschichten und bekommen sie natürlich auch kopiert mit nach Hause.“

Es gibt viele Möglichkeiten, Geschichten zu erzählen oder erzählen zu lassen. Um die Fantasie der Kinder noch mehr anzuregen und um die Erzählung mit den Kindern gemeinsam zu reflektieren, kann die Geschichte auch nachgespielt oder gemalt werden.

Überlegen Sie, wie Sie mit Hilfe von Geschichten und Erzählungen mit Ihren Kindern ins Gespräch kommen können. Vielleicht erinnern Sie sich auch an Geschichten aus Ihrer eigenen Kindheit, die Sie den Kindern erzählen möchten.

Wenn Sie ein Buch als Grundlage zu Ihrer Erzählung nehmen, sollten Sie sich gut vorbereiten. Texte aus Büchern sind zum Vorlesen konzipiert und müssen für das freie Erzählen umformuliert werden! So ist es manchmal ganz hilfreich, sich die wesentlichen Aspekte der Geschichte in Stichworten aufzuschreiben, um sie dann mit eigenen Worten nachzuerzählen.

Zum Sprechen gehört das Zuhören

Das Zuhören ist ein Grundelement jeder zwischenmenschlichen Kommunikation und ermöglicht es, am gesellschaftlichen Leben teilzunehmen. Zuhören ist auch wichtig, um in die Welt der Fantasie einzutauchen. Nur wer etwas hört, kann dann das Gehörte in innere Bilder umsetzen und sich in neue Welten vertiefen.

Den Hörsinn der Kinder anzuregen und sie zu lehren, zuzuhören, ist in der heutigen Zeit, die geprägt ist von vielen kurzfristigen und rasch wechselnden Sinneseindrücken, gar nicht so einfach. Die Sinnesorgane der Kinder und auch die vieler Erwachsener sind total überlastet. Kinder haben oft einen so vollen Terminkalender, dass sie kaum noch Zeit zum Zuhören haben. Sie finden nach diesem „Freizeitstress" oft keine Ruhe. Das führt dazu, dass sie Schwierigkeiten haben, sich auf eine Information zu konzentrieren. Und das hat zur Folge, dass sie schlecht zuhören und man ihnen oft vier, fünf Mal etwas sagen muss, bis sie das Gesagte verstehen oder tun.

Fallbeispiel

Marianne Schüler und ihr Team gehen dieses Problem folgendermaßen an: „Wir üben mit den Kindern, vor allem mit den Schulanfängern, das Zuhören. Zum Beispiel stelle ich ihnen eine kleine Aufgabe, die ich ein Mal nenne, dann noch einmal wiederhole und den Kindern dann signalisiere: Jetzt sage ich nichts mehr! Jetzt müsst ihr die Aufgabe alleine können! Wichtig ist dabei für mich, dass die Kinder die Aufgabe aufnehmen, verstehen und umsetzen können. Dazu müssen sie natürlich zuhören. Manche von ihnen sind es gewohnt, immer wegzuhören. Doch diese Kinder machen hier die Erfahrung, dass es wichtig ist, zuzuhören, da sie sonst eine wichtige Information verpassen. Darauf wollen wir die Kinder trainieren: gleich beim ersten Mal genau zuzuhören. Die Kinder sollen lernen, dem Erwachsenen zuzuhören und ihn ernst zu nehmen. Genauso verhält es sich, wenn wir wollen, dass die Kinder zum Rausgehen ihre Matschhosen anziehen. Wenn ein Kind fragt: Sollen wir die Matschhosen anziehen?, sagen wir in den Raum hinein: Hört mal bitte zu, ihr sollt eure Matschhosen anziehen! Anschließend kommen natürlich immer noch einige Kinder und fragen trotzdem nach. Ich sage dann: Das haben wir gesagt. Frage bitte die Anderen, wenn du es nicht mitbekommen hast. Du weißt, wir sagen es nur einmal! Und dieses Verhalten trägt Früchte. Kinder lernen ja viel schneller als man denkt. Die Kinder sind so aufnahmebereit und verstehen sofort, dass wir es wirklich nicht mehr sagen. Man muss als Erzieherin nur konsequent bleiben!"

Analyse

Die Haltung der Erzieherin, ausgedrückt durch das, was sie tut und sagt, ist für das Zuhören der Kinder ausschlaggebend. Die Eindeutigkeit in der Kommunikation in Hinsicht auf Haltung und Stimmlage – wenn es um bestimmte Anweisungen und Dinge geht, die nun wichtig sind – muss gegeben sein.

Damit Kinder lernen, zuzuhören, muss man ihnen aber auch Zeit geben. Kinder haben einen großen Rede- und Erzählbedarf und auf Grund der vielen Umweltreize und Medien (Fernsehen, Kassette, CD, Computer) schon ein relativ großes Wissen. Da Gespräche im Elternhaus immer weniger werden, sollte sich der Kindergarten verstärkt Zeit für einen Dialog nehmen. Sich selbst als Erzieherin einmal zurückzunehmen und dem anderen zuzuhören ist entscheidend. Kinder sollten lernen, dass Zuhören genauso wichtig und auch genauso schön und aufregend sein kann wie selbst zu reden.

Zu diesem Lernprozess gehört auch, mit den Kindern einmal bewusst in die Stille zu gehen, um zu hören und zu lauschen: aus der Anspannung der Reizüberflutung in die Entspannung. Es können Räume der Stille geschaffen werden, in denen die Kinder die Möglichkeit haben, Erlebnisse zu verarbeiten. Durch eine ruhige Atmosphäre, mit meditativer Musik und Entspannungsübungen, wird den Kindern geholfen, sich einmal nur auf eine Sache einzulassen. Aus dieser Stille heraus kann dann jeder wieder gestärkt in die Begegnung mit anderen Menschen gehen.

Fallbeispiel

Das Team des Kindergartens in Meiningen hat aufgeschrieben, in welchen Situationen die Kinder bei ihnen konzentriert zuhören: „Die Kinder hören bei uns besonders gut zu, wenn…

- wir eine ruhige Atmosphäre schaffen (beim Morgenkreis, vor dem Schlafen, wenn wir den Raum verdunkeln und gedämpftes Licht haben)
- wir meditative Musik und Entspannungsübungen machen
- wir klassische Musik als Klangerlebnis anbieten
- wir mit Handpuppen etwas erzählen
- wir spannende Geschichten erzählen und dabei unsere Stimme verändern und Blickkontakt halten
- wir die verschiedenen Sinne der Kinder ansprechen
- wir für die Kinder interessante Themen ansprechen und anbieten."

Vielleicht fallen Ihnen noch mehr Situationen ein, in denen Kinder das Zuhören neu entdecken?

Was Kinderohren nicht hören sollten

An dieser Stelle ein kleiner Exkurs zu den alltäglichen Tür- und Angelgesprächen: Wenn Kinder in den Kindergarten kommen, ist es selbstverständlich, auch mit den Eltern das Gespräch zu suchen. Diese kurzen Tür- und Angelgespräche werden in ihrer Wichtigkeit oft unterschätzt. Sie bieten vielfältige Möglichkeiten zu einer zwanglosen Unterhaltung. Eltern sind am Geschehen im Kindergarten interessiert und wollen, gerade während der Abholzeit, wissen, wie es ihrem Kind am Tag ergangen ist. Kindergartenkinder sollten wissen, dass ihre Erzieherin die Eltern über das Geschehen im Kindergarten auf dem Laufenden hält. Darunter fällt zum Beispiel eine Information über die Verletzung eines Kindes oder eine andere Notsituation. Es kann aber auch ein Streit, eine Lüge oder ähnliches sein, was das einzelne Kind belastet. Über solche Vorfälle müssen Eltern informiert werden. Wichtig ist dabei, nicht mit den Eltern über das Kind zu sprechen – womöglich sogar mit Schuldzuweisungen oder Vorwürfen –, sondern gemeinsam mit dem Kind den Eltern zu berichten. Die Eltern werden in diesem Gespräch ermutigt, zu Hause noch einmal mit dem Kind über das Thema ins Gespräch zu kommen – sofern die Situation für das Kind bedeutsam war.

Anders verhält es sich, wenn Eltern mit Erzieherinnen über bestimmte Verhaltensweisen ihrer Kinder sprechen wollen und Fragen stellen wie: „Warum habe ich im Moment solche Schwierigkeiten im Umgang mit meinem Kind?" Wie würden Sie das machen? Geht es um Erziehungsfragen oder darum, dass Elterteilen etwas Angst oder Sorge macht, sollten diese Themen nicht im Beisein der Kinder besprochen werden. Müttern und Vätern kann in den so genannten Elterngesprächen Raum gegeben werden, um ihren Ärger und ihre Sorgen loszuwerden. Das hat auch den Vorteil, dass Erzieherinnen in Ruhe über das Gesagte nachdenken können, um dann adäquat zu reagieren.

Fatal ist es, wenn die Eltern vor den Kindern bloßgestellt werden. Es gibt Anlässe, an denen Erzieherinnen das Verhalten der Eltern nicht verstehen – zum Beispiel, weil sie ihre Kinder ständig zu spät abholen. Wenn die Erzieherin dann mit vorwurfsvollen Gebärden und Ausdrücken auf die Mutter oder den Vater zugeht, kann dieses Verhalten auch bedrohlich auf das Kind wirken. Hier gilt es, einen Weg zu finden, der das Anliegen zwar klar zum Ausdruck bringt, aber nicht verletzend wirkt. Es geht ja um die Sache an sich und nicht um die persönliche Ebene des Miteinanders! Ein vertrauensvoller und respektvoller Umgang mit den Eltern ist die beste Voraussetzung für eine gelungene Elternarbeit.

Tischgespräche

Viele Großeltern schwärmen auch heute noch davon: Für sie war es ganz normal, morgens, mittags und abends mit vielen Generationen an einem Tisch zu sitzen und zu essen. Man nahm sich Zeit, um zu reden und sich auszutauschen. Die Mahlzeiten waren der Treffpunkt der Familien, bei denen man zur Ruhe kam.

Heute finden in vielen Familien keine gemeinsamen Mahlzeiten mehr statt. Der Zeitdruck am Morgen lässt viele Kinder ohne Frühstück in den Kindergarten kommen. Und nach dem Kindergarten mal eben ins Schnellrestaurant...Vielleicht klingen diese Aussagen etwas überspitzt. Fakt ist, dass es vielen Kindern schwer fällt, über einen längeren Zeitraum am Tisch zu sitzen. Sie sind es nicht gewohnt zu warten, bis der andere fertig ist.

Dabei bietet gerade das gemeinsame Essen eine Chance, soziales Miteinander zu lernen: gemeinsam eine Mahlzeit vorbereiten, den Tisch decken, sich gegenseitig helfen beim Einfüllen von Saft, beim Schneiden der Speisen, beim Auffüllen der Teller... Dabei entstehen viele Möglichkeiten, miteinander ins Gespräch zu kommen und sich auch einmal ganz bewusst einem Kind oder einer kleinen Gruppe am Tisch zuzuwenden.

Leider findet in der heutigen Zeit das „Bitte"- und „Danke"-Sagen immer weniger Beachtung. Diese Umgangsformen gehen in unserer Gesellschaft mehr und mehr verloren oder werden etwas stiefmütterlich behandelt. Dabei sind diese Verhaltensregeln doch nur ein Zeichen dafür, dass man den anderen wahrnimmt, beachtet und seine Bedürfnisse respektiert.

Interview ?!

Martina Kolthoff: In jedem Kindergarten gibt es andere Frühstücksrituale. Wir halten Sie es in Ihrer Praxis?

Marianne Schüler: Wir frühstücken jeden Tag zusammen. Wenn alle Kinder am Tisch sitzen und ihr Frühstück ausgepackt haben, singen wir ein gemeinsames Lied. Anschließend schlage ich eine Klangschale an und dann gibt es immer einen Moment der Stille. Ich beende dieses kurze Schweigen mit einem Tischgebet. Dann wünschen wir uns einen guten Appetit und anschließend essen wir. Das ist ein Ritual auf das wir nicht verzichten möchten. Denn das ist die Vorbereitung auf die Freude am Essen.

Edith Scherl: Wir haben unser gemeinsames Frühstück gerade auf eine Mischform umgestellt. Wir frühstücken an zwei Tagen zusammen und an drei Tagen „offen", das bedeutet ein rollendes oder freies Frühstück. Wir hatten festgestellt, dass uns ganz viel Zeit durch das gemeinsame Frühstück verloren geht. Die Tische müssen geräumt werden, die Kinder müssen ihr Spiel unterbrechen und später alles wieder aufräumen. Der ganze Tagesablauf wird unterbrochen. Wir haben bemerkt, dass einige Kinder ohne Frühstück in den Kindergarten kommen und schon früh Hunger bekommen. Diese Kinder essen dann auch relativ früh. Jedes Kind kann sich ganz individuell Zeit für sein Frühstück nehmen, ohne Hetze. Für uns hat sich die Atmosphäre dadurch sehr entspannt. Die Unterhaltung mit den Kindern ist so weitaus ruhiger und intensiver, weil man sich Zeit nehmen kann!

Wie sieht Ihre Frühstückssituation aus? Ob gemeinsam oder offen ist sicher abhängig von der Gruppenkonstellation und der Öffnungszeit. Aber welchen Stellenwert hat das Frühstück in Ihrem Kindergartenalltag? Ist es Genuss oder eine Pflicht?

Rituale

Jeder Kindergarten hat seine ganz speziellen Rituale. Rituale können bestimmte Abläufe sein, die jeden Tag (Morgenkreis, Abschlusskreis) oder jede Woche (Wochenbeginn- oder Wochenschlusskreis) regelmäßig stattfinden. Rituale bedeuten: Ablauf und Inhalt stehen fest und sind den Kindern bekannt.

Fallbeispiel

Im Kindergarten von **Edith Scherl** ist der Wochenschlusskreis an jedem Freitag ein immer wieder kehrendes Ritual. Für ihr Team ist dies ein ganz besonderer Anlass, um mit den Kindern ins Gespräch zu kommen: „Wir treffen uns am Freitagmittag alle zusammen in der Halle. Dort reden wir noch einmal über besondere Ereignisse, die in der Woche stattgefunden haben. Es kommen aber auch Dinge zur Sprache, die uns beispielsweise enttäuscht oder geärgert haben. Dann erinnern wir uns noch einmal an die Geburtstagskinder der vergangenen Woche und singen ein Lied oder machen ein Fingerspiel. Das Ganze geschieht mit ganz viel Sprach- und Körpereinsatz. Wichtig ist uns als kirchlicher Kindergarten das Gebet am Ende, das den Wunsch enthält, dass wir uns alle am Montag gesund und munter wieder sehen. Dieser Wochenschlusskreis ist als ein Bewusstseinsprozess auf der Beziehungsebene zu sehen, der eben ganz viel mit Sprache zu tun hat. Das bedeutet auch, für einen kurzen Zeitraum einmal still zu werden, um die Erzieherinnen hier ganz bewusst den Ton angeben zu lassen, so dass der Wochenschlusskreis für alle Teilnehmer zu einem schönen Erlebnis wird."

Analyse

Diese immer wiederkehrenden Abläufe im Kindergarten sind nach einer gewissen Ordnung aufgebaut. Das hat den Vorteil, dass den Kindern, die ja noch keine Uhrzeit kennen, der Tagesablauf gut mit Hilfe dieser täglichen Rituale erklärt werden kann. Erkundigt sich zum Beispiel ein Kind danach, wann denn nun endlich sein Geburtstag gefeiert wird, könnte die Erzieherin antworten: „Nach dem Morgenkreis frühstücken wir, dann gehen wir turnen und danach im Mittagskreis feiern wir deinen Geburtstag." Dieser geregelte Tagesablauf gibt den Kindern Sicherheit und Orientierung. Sie wissen, was auf sie in den nächsten Stunden zukommt und können sich gedanklich darauf vorbereiten. Das ist vor allem für jüngere Kinder von großem Vorteil.

Auch die einzelnen Tagesabschnitte können durch besondere Rituale eingeleitet werden. Diese Eingangsrituale bereiten die Kinder darauf vor, dass jetzt gleich etwas Besonderes folgt. Sie führen die Kinder in die Stille und Ruhe, so dass sie sich besser konzentrieren können und zuhören.

Fallbeispiel

Erzieherinnen aus dem Kindergarten in Meiningen haben dazu einige Beispiele aus ihrer Praxis gesammelt:

- **Klangschale:** Instrument, um die Kinder darauf aufmerksam zu machen, das etwas Besonderes beginnt; sie lernen, sich auf etwas zu konzentrieren (den Ton der Klangschale) und intensiv zuzuhören.
- **Kerze:** schafft Atmosphäre; bei Entspannungsmusik eine brennende Schwimmkerze in einer Schale von Kind zu Kind reichen zu lassen erzeugt Aufmerksamkeit und Ruhe.
- **Gesprächsball, -kugel, -stein:** Wer diesen Gegenstand in der Hand hält, darf reden. Die anderen hören zu. Durch dieses Ritual wissen die Kinder, wann sie reden und zuhören dürfen. Hier handelt es sich um ein optisches Zeichen, das den Kindern Sicherheit gibt. Sie werden dadurch einerseits selbstsicherer im Sprechen und lernen sich andererseits auch einmal zurückzunehmen. Dadurch werden bereits erste Gesprächsregeln vermittelt.
- **Handzeichen:** Ältere Kinder melden sich mit Handzeichen zu Wort und werden aufgerufen. Dieses Signal zum Melden ist eine Vorbereitung auf die Schule.

- **Tischgebete, Tischspruch:** sind das Signal zum gemeinsamen Beginn einer Mahlzeit.
- **Klangstab, Gong:** ein Zeichen für das Herbeirufen der Kinder als Einführung in ein Spiel oder eine Aktion. Die Kinder wissen, dass nach diesem Klang etwas Besonderes beginnt.
- **Ich-Botschaften:** geben die persönliche Meinung und die eigenen Gefühle wieder. Das bedeutet ganz konkret Verantwortung für das Gesagte zu übernehmen. Auch die Kinder werden aufgefordert, in der Ich-Form zu reden und dazu ermutigt, eigene Gefühle und Wünsche zu verbalisieren. Das ist besonders wichtig in Konfliktsituationen und bei deren Bewältigung, denn Ich-Botschaften ermöglichen einen offenen und fairen Austausch von Gefühlen und Meinungen (→ S. 77)

Im Dialog zur Selbstständigkeit

Kinder brauchen für ihre Entwicklung den Dialog mit anderen Menschen. Durch das Reden, Gelobtwerden und gegenseitige Mutmachen entwickelt das Kind Vertrauen: Vertrauen zu anderen Menschen, aber vor allem auch zu sich selbst. Wenn Kinder in ihrer Persönlichkeit wertgeschätzt und mit all ihren Gefühlen ernst genommen werden, entwickeln sie Vertrauen in ihre Umwelt. Dies ermöglicht es ihnen, Erfahrungen zu sammeln und eigene Bedürfnisse zu erkennen – die Grundvoraussetzung zur Selbstständigkeit! Das Kind lernt, Entscheidungen zu treffen und eigenverantwortlich zu handeln. Diese Entwicklung geht individuell vonstatten. Jedes Kind ist Akteur seines Lebens und folgt seinem eigen Lern- und Lebensrhythmus. Von daher ist es wichtig, Kindern für ihre persönliche Entwicklung viel Zeit zu geben: Zeit zum Ausprobieren, Entdecken, Erleben – und somit ganz viel Zeit zum Spielen!

Das Spiel des Kindes

Vielleicht kommt Ihnen folgender Dialog aus dem Kindergartenalltag bekannt vor? Eine Mutter holt ihr Kind aus dem Kindergarten ab und fragt: „Na, was hast du denn den ganzen Tag gemacht?" Das Kind antwortet: „Ich habe gespielt!" Die Mutter entgegnet: „Was? Nur gespielt?!"

Kinder spielen nicht etwa, weil sie nicht wissen, was sie sonst zu tun haben. Nein, Kinder spielen, weil sie durch das Spiel ihre Umwelt begreifen. Wenn sie etwas beobachten oder erleben, wird daraus schnell eine Spielhandlung. Das kann für Erwachsene zu einer kleinen Geduldsprobe werden. Dauert es nicht manchmal unendlich lange, bis Kinder sich anziehen? Doch wer sie dabei aufmerksam beobachtet und agieren lässt, erkennt, wie viele tolle Ideen sie entwickeln: Ein Kind legt sich zum Beispiel beim Anziehen auf den Rücken, breitet seinen Anorak über das Gesicht, lugt durch den Ärmel und ruft: „Ich habe einen Ausguck wie bei einem U-Boot!" Oder: Wer kann schon mit zwei Beinen in einem Hosenbein laufen? Versuch macht klug, sagt schon ein schönes altes Sprichwort.

Kinder wollen die Welt entdecken und begreifen. Gerade ihnen unbekannte Dinge wollen sie erforschen und verstehen. Fünf elementare Dinge lernen die Kinder im Spiel:

- Sie lernen etwas über ihre *emotionale Intelligenz*. Die Kinder erkennen und erleben eigene Gefühle, vor allem die Grundgefühle Angst, Freude, Trauer und Wut; sie lernen, mit eigenen Stärken und Schwächen umzugehen (gewinnen ist leicht – verlieren ist schwer); sie bekommen Selbstvertrauen; sie werden selbstständig, lernen mit Frustrationen umzugehen, haben eine größere Ausdauer.
- Sie lernen etwas über *soziale Kompetenzen*. Auch Spielen bedeutet, sich an Regeln zu halten; die Kinder lernen, kooperativ zu sein, dem anderen zuzuhören und sich auch einmal zurückzunehmen; sie übernehmen Verantwortung für Spielsachen oder jüngere Spielpartner, lernen sich zu streiten und vertragen; sie lernen Freunde kennen
- Sie lernen im *motorischen Bereich*. Die Kinder stärken ihre Grobmotorik durch laufen, hüpfen und auf Bäume klettern; kommen durch das Balancieren in ein besseres Gleichgewicht; sie bekommen eine bessere Auge-Hand Koordination; sie erleben die Welt mit allen Sinnen, indem sie sehen, hören, riechen, tasten und schmecken.
- Sie lernen im *kognitiven Bereich*. Die Kinder lernen, sich zu konzentrieren und logisch zu denken; sie bekommen ein besseres Mengen-, Zahl-, Farb- und Formenverständnis; sie gestalten ihr Spiel selbstständig und übernehmen dafür die Verantwortung; sie äußern eigene Wünsche und Bedürfnisse und setzen diese mit viel Fantasie um.
- Kinder lernen die *Sprache*. Im Spiel kommen die Kinder miteinander ins Gespräch und tauschen sich aus; sie lernen miteinander zu reden und ihre Bedürfnisse zu artikulieren.

Kinder, die viel und intensiv spielen, haben eine ganz natürliche Lernfreude und sind motiviert, Neues zu erfahren. Neugierig zu sein ist die beste Voraussetzung für das Lernen. Der Entwicklungspsychologe Piaget hat einmal gesagt: „Alles was wir die Kinder lehren, können sie nicht selbst entdecken und damit wirklich lernen!“ So braucht der Kindergarten engagierte und aktive Erzieherinnen, die sich gemeinsam mit den Kindern auf Entdeckungsreise begeben, Höhlen bauen, auf Bäume klettern, spannende Projekte planen, Feste feiern, auf Schatzsuche gehen, auch einmal durch Pfützen laufen – und einfach zusammen mit den Kindern Spaß haben. Wird den Kindern diese Erlebnis- und Erfahrungswelt geschaffen, entwickeln sie ganz automatisch Fähigkeiten, die ihnen eine erfolgreiche Lern- und Arbeitshaltung für die Schule mitgeben.

Sprache und Kommunikation spielen dabei eine große Rolle. Kinder setzen sich im Spiel mit anderen Kindern auseinander. Dabei lernen sie, sich einerseits durchzusetzen, sich andererseits auch einmal zurückzunehmen und sich gegebenenfalls auch zu arrangieren. Ob Kinder ein gewisses Sprachverständnis haben, das heißt, ob sie in der Lage sind, Informationen aufzunehmen und zu verarbeiten, kann gut in der Freispielphase beobachtet werden. Kindern zum Beispiel beim Spielen von Gesellschaftsspielen zuzuschauen bringt eine Fülle von Informationen über das Sprachverständnis. Halten sich die Kinder an das feste Regelwerk? Oder sind sie in der Lage, die Regeln zu erweitern? Verändern sie Spielregeln zum eigenen Vorteil? Spielen Sie vielleicht ganz ohne Spielregeln? Für Erzieherinnen sind diese Beobachtungen äußerst hilfreich, vermitteln sie doch eine Fülle an Informationen darüber, wie Kinder miteinander kommunizieren: Wie sprechen sie miteinander, sind sie in einem Dialog und tauschen sich aus? Wie wird der Satzaufbau gestaltet, welcher Wortschatz besteht und wie verhält es sich mit der Aussprache?

Fallbeispiel

Wie Kinder Gesellschaftsspiele ganz individuell nutzen, erzählt Erzieherin **Gabriele Schwenke**: „Wir haben viele Kinder, die Spiele aus dem Spieleschrank herausnehmen, und dann für ein Rollenspiel einsetzen. So gab es heute zum Beispiel eine „Dominosuppe" mit „Baufix"-Nudeln. Es ist interessant, wie kreativ Kinder mit diesen Spielen umgehen und wie flexibel sie dabei sind. Wir Erwachsenen kämen nie auf solche Ideen. Für mich hat diese Kreativität im Handlungsbereich viel mit Flexibilität im Sprachbereich zu tun. In einem beweglichen Körper steckt auch ein Kind, dass in Gedanken beweglich ist. Sprache hat viel mit Beweglichkeit zu tun!"

Analyse

Das alltägliche Spiel der Kinder bedeutet einen ständigen Anlass zum Sprechen. Das Sprachvermögen wird differenziert und erweitert. In jeder Spielidee steckt eine Bewegung, die „versprachlicht" wird. Dadurch wird das Spiel der Kinder zu komplexen Sprachlernsituationen. Wichtig dabei ist, dass die Spielhandlungen aus der Erlebniswelt der Kinder kommen, damit sie eigene Erfahrungen einbringen können.

Wie gehen Sie in Ihrer Einrichtung damit um, wenn Kinder Gesellschaftsspiele individuell nutzen? Müssen die Kinder sich an das Regelwerk halten, oder dürfen sie das Spielmaterial auch ganz anders einsetzen?

Ein pädagogisches Konzept

In vielen Kindertagesstätten ist die Erziehung der Kinder zur Selbstständigkeit ein wichtiger Bestandteil des pädagogischen Konzeptes.

Fallbeispiel

Die Erzieherin **Edith Scherl** berichtet aus ihrem Kindergarten: „Wir erwarten von unseren Kindern, dass sie sich sehr stark selbst organisieren. Das wird richtig trainiert. Die Kinder sollen spüren und herausfinden, was sie brauchen. So befinden sich zum Beispiel nicht alle Materialien in den Räumen. Das bedeutet, die Kinder müssen artikulieren lernen, was sie möchten und brauchen. Wir erwarten von den Kindern auch, dass sie ihre Wünsche in ganzen Sätzen äußern. Sie sind dann manchmal sichtlich genervt, wenn wir sie auffordern, mit uns in ganzen Sätzen zu sprechen. Doch sie merken schnell, dass wir sie ernst nehmen und unterstützen. Diese Selbstorganisation der Kinder hat einen hohen Aufforderungscharakter, sich verbal zu äußern. Wir fordern die Kinder zum Denken, zum Nachdenken und zum Handeln auf – und das über Worte!"

Fallbeispiel

Dieser Dialog in einer Kindertageseinrichtung verdeutlicht weiter die Erziehung zur Selbstständigkeit: Eine Erzieherin sitzt mit den Kindern am Frühstückstisch. Felix (5 Jahre) stellt fest: „Ich habe keinen Löffel für meinen Yoghurt." Die Erzieherin antwortet: „Kannst du dir bitte einen holen?" Und Felix fragt daraufhin: „Woher denn?" Die Erzieherin erwidert: „Aus der Küche, in der Schublade neben dem Kühlschrank!" Felix läuft los und kommt mit einem Teelöffel wieder. Er sagt: „Schau, ich habe einen gefunden!" Die Erzieherin antwortet: „Klasse! Und nächstes Mal weißt du ganz alleine, wo du einen Löffel findest! Dann sagst du einfach zu mir: Du, ich hole mir mal einen Löffel aus der Küche!"

Analyse

Felix hat eine wichtige Erfahrung gemacht: Er hat etwas alleine geschafft und ist dadurch selbstbewusster und selbstständiger geworden. So ist es ein Erziehungsziel, dass die Kinder lernen, ihren Alltag so selbstständig wie möglich bewältigen zu können. In unserem Beispiel bedeutet das ganz konkret, dass die Erzieherin über die Sprache eine Ortserklärung (hier: die Küche) gibt und dem Kind beschreibt, wo es den gewünschten Gegenstand finden kann. Die Erzieherin kann feststellen, ob das Kind die Information verstanden hat und in Handlung umsetzen kann. Vielleicht muss sie Felix auch noch ein zweites Mal losschicken oder ihm ein anderes Kind zur Seite stellen, damit er die Botschaft versteht und die richtige Schublade findet. Eine wichtige Aufgabe der Erzieherin ist es in diesem Zusammenhang, dem Kind über die Sprache Anweisungen zu geben, was es tun muss oder kann. Kinder müssen lernen, Anweisungen zu folgen. Das hat nichts mit autoritärer Erziehung zu tun, sondern mit Sprachverständnis und dessen konkreter Umsetzung.

Scheuen Sie sich nicht davor, Kindern eine genaue Anweisung zu geben. In der Schule wird von ihnen später erwartet, dass sie die Aufgaben, die ihnen gestellt werden, verstehen und umsetzen. Welche praktischen Beispiele fallen Ihnen dazu aus Ihrem Kindergartenalltag ein?

Partizipation – Mitbestimmung im Kindergarten

Der Blick in ein Wörterbuch zeigt unter dem Begriff „Partizipation" die Definition: teilhaben an, teilnehmen. Das heißt zunächst einmal ganz allgemein – wenn man von Partizipation von Kindern spricht –, dass Kinder aktiv den Kindergartenalltag mitgestalten. Wie kann das gelingen?

Kinder erleben und bewältigen ihren Alltag ganz unterschiedlich. Jedes Kind macht seine eigenen Erfahrungen, hat eigene Gedanken und Gefühle und ist individuell geprägt. Was allen Kindern gemeinsam ist, ist der Wunsch, Zusammenhänge des Lebens zu verstehen, in sie einzugreifen und aktiv mitzugestalten. Partizipation bedeutet von daher mehr als nur „Teilnahme". So hat jedes Kind, wie in der UN-Kinderkonvention von 1989 aufgeführt, das Recht, sich aktiv in sein Leben und seine Umwelt einzumischen. Doch ist dies leichter gesagt als getan. Im Kindergartenalltag sind es oft die Erzieherinnen, die darüber entscheiden, was dem Kind gut tut und was zum Wohl des Kindes beiträgt. Sie sind es oft, die über Inhalte und Tagesabläufe bestimmen.

Wenn man über Partizipation spricht, geht es nicht darum, den Kindern alles selbst zu überlassen und zu übertragen. Partizipation hat etwas mit der Grundhaltung zwischen Erwachsenen und Kindern zu tun. Es geht darum, mit den Kindern in einen Dialog zu treten und ihre Wünsche und Ideen ernst zu nehmen. Partizipation im Kindergarten bedeutet eine altersgemäße Beteiligung am gemeinsamen Planen und Entscheiden.

Fallbeispiel

Erzieherin **Edith Scherl** berichtet aus ihrem Kindergartenalltag: „Kinder dürfen bei uns im Kindergarten viele Dinge mitbestimmen. Da, wo es um den Tagesablauf geht – was wollen wir wann machen? –, wo es um Ideen und Entscheidungen geht, haben sie ein großes Mitspracherecht. Die Ganztagsgruppe zum Beispiel entscheidet gemeinsam, was in der nächsten Woche gegessen wird. Ganz wie es unseren demokratischen Grundprinzipien entspricht, kann sich jedes Kind mit einer Stimme für ein Essen entscheiden. Zu diesem Zweck werden die zur Wahl stehenden Essensvorschläge auf ein Bild gemalt und auf den Tisch gelegt. Nun bekommt jedes Kind einen Glasstein in die Hand und kann diesen zu seinem Wunschessen legen. Dann weiß es: Seine Stimme ist abgegeben – seine Entscheidung zählt! So können die Kinder ganz leicht sehen, an welcher Stelle die meisten Steine/Stimmen liegen und sie erkennen auch, was mehrheitlich entschieden wurde. Das ist ein Stück gelebte Demokratie im Kleinen."

In vielen Kindertagesstätten finden Kinderkonferenzen oder Kinderversammlungen statt, in denen Kinder mitbestimmen dürfen. Dort können sie Wünsche und Themen einbringen, Fragen stellen und sich aktiv an der Planung des Kindergartenalltags beteiligen. Kinder werden ernst genommen und es wird gemeinsam nach Möglichkeiten und Antworten gesucht, um ein Problem zu lösen oder Ideen umzusetzen. Das bedeutet: Kinder in die „VerAntwortung" nehmen. Kinder finden eine Antwort auf ihre Fragen, auf ihr Problem und stellen sich dem Ganzen – sie übernehmen die Verantwortung!

Ob sich die Ideen, Vorstellungen und Wünsche der Kinder realisieren lassen, lässt sich erst durch das „Erleben" erfahren. Spannend ist es, sich gemeinsam auf diesen Weg zu machen.

Fallbeispiel

Eine Erzieherin berichtet: „Eine Schwachstelle in unserem Kindergarten ist die Mitbestimmung der Kinder. Wir Erzieherinnen haben unheimlich viele gute Ideen, machen tolle Projekte und fragen die Kinder auch, wie sie das finden. Aber letztendlich manipulieren wir die Kinder auf diese Weise und machen das, was wir richtig für sie finden. Das ist bestimmt nicht verkehrt und meistens auch sehr gelungen, aber die Kinder mit einzubeziehen und mitbestimmen zu lassen erfolgt auf diese Weise nicht! Wir wissen um diese Schwachstelle und werden sie demnächst bearbeiten. Aber dieses Thema ist für uns noch sehr konfus. Wir müssen uns erst einmal im Team darüber klar werden, was diese Vorgehensweise für uns bedeutet. Wir müssen erst einmal darüber reden, was wir eigentlich wollen und vorhaben. Manche Kolleginnen haben auch Angst vor diesem Schritt: Was heißt diese Entwicklung für jede einzelne Kollegin und für unseren Kindergarten? Darüber machen wir uns, gemeinsam mit der Fachberatung, Gedanken und wollen hier ganz viel verändern."

Analyse

Partizipation beginnt in den Köpfen der Erwachsenen! Wenn Kindern die Möglichkeit einer Mitbestimmung eingeräumt werden soll, muss sich auch die Rolle der Erzieherin verändern und sie muss diese neu definieren. Sie muss lernen, Verantwortung an die Kinder abzugeben und ihnen zutrauen, dass sie sich auch selbst organisieren können. Sie sollte lernen, Kinder zu begleiten. Partizipation bedeutet aber nicht, alle Wünsche der Kinder zu erfüllen. Es bedeutet vielmehr, sich in einen Dialog auf Augenhöhe zu begeben, um sich auseinanderzusetzen, sich gegebenenfalls auch zu streiten. Das Ziel sollte sein, gemeinsame Lösungen zu finden und Interessen auszuhandeln. Es geht darum, respektvoll und wertschätzend miteinander umzugehen. So sollte jedem Kind das Recht eingeräumt werden, sich nach seinen eigenen Möglichkeiten, Interessen und Vorlieben einzubringen, auszutauschen und sich zu erproben.

Fallbeispiel

Eine Erzieherin berichtete mir vor kurzem, dass die Außenanlagen ihres Kindergartens neu gestaltet werden sollten. Da dieser Spielplatz ausschließlich von den Kindergartenkindern genutzt wird, wurden diese auch aktiv mit in die Planung einbezogen. Der Architekt kam zu diesem Zweck in den Kindergarten und setzte sich mit den Kindern zusammen. Gemeinsam malten sie die Wünsche der Kinder auf ein großes Plakat. Auch über die Kosten haben die Kinder mitgesprochen, und es wurde überlegt, ob und wie das Geld reichen würde. Die Bauarbeiter, die die Geräte aufstellten, bekamen ordentliche Unterstützung von den Eltern, den Kindern und den Erzieherinnen, so dass am Ende ein wunderschöner, von den Kindern geplanter und (teilweise) selbstgebauter Spielplatz entstand. Die Kinder sind mächtig stolz auf „ihren" Spielplatz und gehen viel wertschätzender und verantwortungsvoller mit ihren Spielgeräten um.

Letztendlich ist Partizipation der Schlüssel zur Demokratie, denn Entscheidungen müssen mehrheitlich getroffen werden. Mitbestimmung lehrt Verantwortung für sich und andere zu übernehmen.

In welchen Bereich Ihres Kindergartens können die Kinder aktiv mitbestimmen – und wo steckt Ihrer Meinung nach noch weiteres Potenzial?

Kommunikation als Basis für Konfliktlösung

Teil einer guten Gesprächskultur sind Streitgespräche. Konstruktiv mit Konflikten umzugehen, ist eine große Herausforderung und will gelernt sein.

Konflikte als Chance

Überall dort, wo Menschen zusammenleben und -arbeiten, kommt es von Zeit zu Zeit zu Meinungsverschiedenheiten und Konflikten. Sie zeigen an, dass etwas im Umgang miteinander nicht stimmt und verändert werden muss. Menschen gehen ganz unterschiedlich mit Konflikten um. Für viele ist bereits der Begriff „Konflikt" negativ besetzt. Schaut man in ein Wörterbuch, wird dies sogar noch bestätigt: Confliktus (lat.) = Kampf, Zusammenstoß, Streit, Widerstreit, Zwiespalt.

So empfinden viele Menschen einen Konflikt auch als bedrohlich, beängstigend, störend und destruktiv. Gehen sie mit dieser Vormeinung in einen Konflikt, kann es vorkommen, dass sie sich dem Konflikt gar nicht erst stellen und jedem Streit aus dem Weg gehen, sich vielleicht sogar ganz zurückziehen. Andere wiederum sehen im Kontrahenten gleich einen Feind und polarisieren ihre Standpunkte so sehr, dass der Konflikt eskaliert und es dadurch manchmal zu verbaler oder gar handfester Gewalt kommen kann.

Folge dieser negativen Umgehensweise mit Konflikten sind „Gewinner" und „Verlierer", denn es geht in dieser Form der Konfliktbearbeitung nur darum, seinen eigenen Standpunkt mit aller Macht durchzusetzen. Der verbal Stärkere gewinnt. Das führt dann dazu, dass Menschen den Kontakt zum Kontrahenten vermeiden oder sogar abbrechen. Die Lebensqualität wird beeinträchtigt, es kommt zu psychosomatischen Beschwerden – Hass und Bitterkeit können die Folge sein. Viele Menschen leiden auch unter ungelösten Konflikten. Diese entstehen häufig aus harmlosen Meinungsverschiedenheiten und Missverständnissen. Manchmal ist es schwierig, das richtige Timing zu finden, um den Konflikt zu bearbeiten und gemeinsame Lösungswege zu finden. Dahinter steckt die Hilflosigkeit, konstruktiv mit Konflikten umzugehen. Oft ist nämlich nicht der Konflikt das Problem, sondern der richtige Umgang damit.

Wird der Weg eines konstruktiven Umgangs mit Konflikten gewählt, bietet die Problemlösung eine Chance zu verbesserten Beziehungen und neuen Entwicklungen. Der Schriftsteller Max Frisch hat es einmal so beschrieben: „Krise ist ein produktiver Zustand. Man muss ihr nur den Beigeschmack der Katastrophe nehmen!“

Aber wie macht man das? Wie streitet man sich richtig? Wie setzt man eigene Interessen durch, ohne den anderen zu verletzen? Wie kann man den anderen kritisieren, ohne die gemeinsame Beziehung zu gefährden?

Das Ziel bei einer Konfliktbearbeitung besteht darin, eine gemeinsame Lösung, einen Konsens zu finden – eine so genannte „Win-Win“-Lösung: Jeder gewinnt am meisten, wenn beide gewinnen!

Wünschenswert wäre es, wenn sich die streitenden Personen zusammensetzen und ihre Probleme besprechen, um eine gemeinsame Lösung zu finden. Das ist allerdings leichter gesagt als getan, denn oft pochen die Menschen auf ihre eigene Meinung und können oder wollen die Sichtweise des anderen nicht verstehen oder akzeptieren. Vielleicht fühlt sich der ein oder andere auch verletzt oder gedemütigt? Dann ist es sinnvoll, jemanden hinzuzuziehen, der im Konfliktfall vermittelt.

Die Mediation

Eine Möglichkeit, konstruktiv mit Konflikten umzugehen, bietet die Mediation. Dieses Verfahren der Konfliktlösung wurde in den 60er- und 70er-Jahren in den USA entwickelt und dort mit Erfolg in vielen Lebensbereichen eingesetzt. Wörtlich übersetzt bedeutet Mediation „Vermittlung“.

> **Mediation** ist die
> Vermittlung in Konflikten durch eine dritte, unparteiische Person mit dem Ziel der einvernehmlichen Streitbeilegung zu beiderseitigem Vorteil.

Gemeint ist die Vermittlung in Streitfällen durch einen unparteiischen Dritten, dem Mediator. Der Mediator ist eine Person, die von allen Seiten akzeptiert wird. Er hilft den Konfliktparteien dabei, dass sie wieder miteinander kommunizieren und in einen Dialog treten. Der Mediator selbst bleibt dabei neutral und allparteilich. Er behält die Gesprächsführung, ist aber nicht für den Inhalt und die Lösung verantwortlich. Er unterstützt die Streitenden dabei, eine einvernehmliche Lösung für ihr Problem zu finden.

Aufgabe des Mediators ist es nicht, einen Schiedsspruch oder ein Urteil zu sprechen. Vielmehr liegt es an den Konfliktparteien selbst, eine ihren Interessen optimal entsprechende Problemlösung zu erarbeiten. Alle sollen durch die gemeinsame Übereinkunft gewinnen: Die bereits beschriebene „Win-Win"-Lösung ist das Ziel. Dabei geht es in der Mediation nicht um den objektiven Sachverhalt, sondern um die jeweilige subjektive Vorstellung der Konfliktparteien. Es geht nicht darum, zu beurteilen, wer „Recht" oder „Schuld" hat, sondern darum, einen gemeinsamen Weg zur Lösung des Konflikts zu finden.

Um einen Konflikt mit Hilfe der Mediation lösen zu können, benötigt man:

- eine/n Mediator/in, die/der zwischen den Konfliktparteien vermittelt
- alle am Konflikt Beteiligten, die anwesend sein müssen
- die freiwillige Teilnahme am Verfahren
- die Bereitschaft aller Beteiligten, selbst den Konflikt lösen zu wollen.

Das Ziel der Mediation ist eine schriftliche Vereinbarung, die von den Konfliktparteien selbst erarbeitet wird und in der die Interessen der Konfliktparteien gleichermaßen berücksichtigt werden.

Mediation im Kindergarten

Jede Erzieherin hat tagtäglich mit Konflikten im Kindergartenalltag zu tun. Sei es, dass die Kinder sich untereinander streiten, Eltern sich beschweren oder eine Kollegin meckert.

Fallbeispiel

„Ich stehe noch am Anfang meines Berufslebens“, berichtet eine Erzieherin, „und habe eigentlich keine Probleme im Kindergarten. Die Arbeit mit den Kindern, den Eltern und Erzieherinnen machen mir sehr viel Spaß. Nur an einer Stelle stoße ich immer wieder an meine Grenzen. Nämlich dann, wenn Kinder sich streiten. Ich versuche, den Konflikt zwischen ihnen immer möglichst gerecht zu lösen. Dabei habe ich aber festgestellt, dass meistens ein Kind traurig ist und meine Lösungen nicht akzeptiert. Gesagt haben die Kinder das zwar nicht immer, aber ich habe gemerkt, dass mindestens ein Kind nicht immer einverstanden ist. Das belastet mich sehr. Mittlerweile ist es so, dass ich mich immer stärker aus Konflikten herausziehe und heraushalte. Ich überlasse es meinen Kolleginnen, die Konflikte zu lösen!“

Analyse

Wenn Kinder sich im Kindergarten streiten, fühlen sich die meisten Erzieherinnen für diesen Streit zuständig und versuchen, helfend einzugreifen und zu handeln. Manchmal vielleicht aus der Angst heraus, dass Konflikte zu gewalttätigen Auseinandersetzungen führen könnten. Wenn sie den Konflikt für die Kinder lösen, merken sie aber schnell, dass immer ein Kind unglücklich bleibt. Sie können es nie allen Beteiligten recht machen. Und das führt zu Frustration und Missverständnissen.

Wenn Erzieherinnen die Mediation zur Konfliktlösung einsetzen, bekommt der Streit eine andere Dimension. Sie sind dann Vermittler (Mediator) in dem Konflikt zwischen den Kindern und helfen ihnen, eigene Lösungen für ihren Streit zu finden. Wie das aussehen kann, wird nun beispielhaft beschrieben.

Fünf Phasen einer konstruktiven Konfliktlösung mit Kindern

Phase 1: Einleitung – Worum geht es?

Phase 2: Konfliktdarstellung – Sichtweisen der einzelnen Kinder

Phase 3: Konflikterhellung – Hintergründe und Gefühle

Phase 4: Problemlösung – Sammlung von Lösungsmöglichkeiten

Phase 5: Vereinbarung

Die Erzieherin als Mediatorin

Wie eine Erzieherin mit Konflikten im Kindergarten umgeht, hat sehr viel mit ihren eigenen, persönlichen Erfahrungen mit Konflikten zu tun. Der eigene Umgang mit Konflikten prägt die Konfliktkultur in der Gruppe. So ist es notwendig, seine eigene Konfliktbereitschaft zu analysieren.

Wie wurde in Ihrer Kindheit bei Ihnen zu Hause mit Konflikten umgegangen? Wie gehen Sie heute mit Konflikten um?

Zu klären ist in diesem Zusammenhang auch, welchen eigenen Anteil man an bestimmten Konfliktsituationen hat, wenn Streit unter Kindern geschlichtet werden soll.

Erkenne ich mich in dem Verhalten eines Kindes vielleicht selbst wieder? Akzeptiere ich das Kind so wie es ist? Habe ich eventuell Vorurteile gegenüber einem Kind?

Analyse

Die Erzieherin als Mediatorin (Vermittlerin) vertritt in dem Prozess des Streit-Schlichtens eine neutrale und allparteiliche Position. Ihre Aufgabe ist es, die Kinder empathisch durch diesen Prozess zu führen. Sie hilft den Kindern, deren jeweilige Sichtweise des Konflikts darzustellen und die damit einhergehenden Gefühle zu erkennen und zu klären. Sie zeigt Verständnis und Respekt und nimmt die Standpunkte und Interessen der Einzelnen wahr.

Gemeinsam suchen alle Beteiligten nach Lösungsmöglichkeiten. Den Kindern wird bewusst, dass nicht die Erzieherin eine Lösung vorgibt und bestimmt, sondern dass sie ihnen selbst die Lösung des Streits überlässt. Den Kindern werden dabei die Grundregeln dieses Mediations-Prozesses deutlich:

- Gegenseitiges Wertschätzen und Verstehen
- Den anderen ausreden lassen
- Einander zuhören
- Keiner wird beschimpft.

Fallbeispiel

Die Erzieherin hört aus der Ferne, wie sich zwei Kinder, Max und Jonas, in der Bauecke streiten. Sie geht zu ihnen hin und fragt: „Was ist denn hier los?“

Phase 1: Einleitung – Worum geht es? In aller Regel werden die Kinder jetzt aufgeregt anfangen zu erzählen. Damit sich die Gemüter etwas beruhigen, sollte die Erzieherin sich mit den Kindern in einen neutralen Bereich setzen. Das kann an einem Tisch in der Gruppe sein oder einfach etwas abseits des Geschehens, in diesem Falle auf dem Bauteppich. Sie könnte sagen: „Kommt, wir setzen uns mal zusammen und dann erklärt ihr mir in aller Ruhe, worum es bei eurem Streit geht.“ Durch ein solches Vorgehen entspannt sich die Atmosphäre zwischen den Kindern und sie fühlen sich in ihrem Streit ernst genommen. Wichtig ist bei der ersten Mediation mit Kindern, ihnen die Grundregeln zu erklären: Sie sollen den anderen ausreden lassen, sich gegenseitig zuhören und sich nicht gegenseitig beschimpfen! Den Kindern sollte auch klar gemacht werden, dass nicht die Erzieherin den Streit löst, sondern dass gemeinsam nach einer Lösung gesucht wird. Diese Grundregeln haben die Kinder mit der Zeit so verinnerlicht, dass man sie nicht immer wiederholen muss. Durch dieses einleitende Gespräch wird den Kindern bewusst, dass sie gleichwertige Gesprächspartner und mitverantwortlich für den Verlauf des Gesprächs sind.

Phase 2: Konfliktdarstellung – die Sichtweise der einzelnen Kinder: In dieser Phase werden die Kinder ermutigt, ihre Sicht des Konflikts zu schildern. Die Erzieherin wiederholt dabei einzelne Aussagen, spiegelt sie und benennt zentrale Streitpunkte. Jedes Kind sollte sich in dieser Konfliktdarstellung verstanden fühlen.

Erzieherin: „Wer möchte anfangen zu erzählen, wie es zum Streit gekommen ist?"

Max: „Ich habe hier auf dem Bauteppich gesessen und mit den Autos gespielt. Und Jonas ist gekommen und hat mir einfach das Polizeiauto weggenommen!"

Jonas: „Das stimmt überhaupt nicht. Du warst doch an der Kiste mit den Autos und hast darin rumgewühlt! Das Polizeiauto hat da rum gestanden!"

Max: „Ja, weil ich mir noch mehr Autos holen wollte für meine Parkgarage!"

Zunächst hat jedes Kind die Gelegenheit, den Streit aus seiner Sicht zu erzählen. Aufgabe der Erzieherin ist es dann, den Sachverhalt möglichst genau zu spiegeln, genau zu wiederholen, so dass sich beide Kinder verstanden fühlen:

Erzieherin: „O.K., also wenn ich das jetzt richtig verstanden habe, hast du, Max, auf dem Bauteppich mit dem Polizeiauto gespielt. Du hast dir eine Parkgarage gebaut und brauchtest dafür noch mehr Autos, die du dir aus der Autokiste gesucht hast. Und du, Jonas, hast auf dem Bauteppich das

Polizeiauto gesehen. Da keiner damit gespielt hat, hast du es dir genommen."

Die Erzieherin wendet sich bei diesem Gespräch den Kindern zu und fragt sie, ob der Sachverhalt ihrer Meinung nach so richtig wiedergegeben ist. Wenn allen Beteiligten mit der Darstellung des Streits einverstanden sind, geht es in die nächsten Phase.

Phase 3: Konflikterhellung – Hintergründe und Gefühle: Hier geht es nun darum, die Hintergründe des Konflikts zu bearbeiten. Welche Gefühle hat der Streit bei den Kindern freigesetzt? War es Wut, Ärger oder Frust? Hat ein Kind sich angegriffen oder ungerecht behandelt gefühlt? Wichtig ist dabei, die Gefühle zuzulassen und zu benennen.

Durch dieses „aktive Zuhören" (→ S. 78 f.) vermittelt die Erzieherin dem Kind, dass es in seiner Aussage verstanden und akzeptiert wird. Das Wiederholen der wichtigsten Aussagen hilft den Kindern, ihre Situation zu klären und ermöglicht die Basis für eine gemeinsame Problemlösung:

Erzieherin: „Max, du warst ganz schön sauer auf Jonas, dass er dir das Polizeiauto weggenommen hat?"

Max: „Ja, das war gemein. Ich wollte doch damit weiter spielen!"

Erzieherin: „Du Jonas, Max ist wütend auf dich, weil er dachte, du wolltest ihm das Polizeiauto wegnehmen. Hast du eigentlich gesehen, dass Max vorher schon mit dem Auto gespielt hat?"

Jonas: „Nein, das stand da doch nur so rum!"

Erzieherin: „Du wusstest also gar nicht, dass Max vorher die ganze Zeit mit dem Polizeiauto gespielt hat?"

Jonas: „Nein!"

Erzieherin: „Jonas, bitte erzähl Max, dass du gar nicht wusstest, dass er …!"

Dieses Gespräch klingt im ersten Moment vielleicht etwas konfus. Wichtig ist es in dieser Phase aber, dass die Kinder lernen, über das zu sprechen, was sie im Konflikt erlebt haben, was sie belastet und was ihnen vielleicht noch gar nicht so bewusst war. Man kann jetzt auch versuchen, die Kinder in einen Dialog zu führen, so dass sie lernen, wieder miteinander ins Gespräch zu kommen. Das ist die Basis für die Konfliktlösung in der nächsten Phase.

Phase 4: Problemlösung – Sammlung von Lösungsmöglichkeiten: Wenn der Konflikt der Kinder inhaltlich geklärt ist, das heißt, dass sich jeder in seiner Aussage verstanden fühlt, werden sie aufgefordert, verschiedene Vorschläge zu machen, wie sie den Streit beilegen bzw. wie sie weiterspielen möchten. Diese Vorschläge werden erst einmal ohne Wertung gesammelt.

Erzieherin: „Es ist ja jetzt klar, wie es zu eurem Streit gekommen ist – oder?"

Jonas: „Ja!"

Max: „Ja!"

Erzieherin: „Und wer darf nun mit dem Polizeiauto spielen? Wie wollt ihr euch einigen?"

Max: „Ich finde, es darf keiner mit dem Polizeiauto spielen. Stell es doch einfach weg!"

Jonas: „Nein, das finde ich doof! Wir können uns doch abwechseln!"

Max: „Und wie?"

Gemeinsam versuchen nun die Kinder eine Lösung für sich zu erarbeiten, die von beiden Seiten akzeptiert wird.

Phase 5: Vereinbarung: Jetzt wird gemeinsam entschieden, welche Lösung für die beiden, Max und Jonas, in Betracht kommt.

Jonas: „Lass uns einen Abzählreim machen und bei wem er endet, der darf mit dem Polizeiauto spielen!"

Max: „O.K. Und wer soll abzählen?"

Jonas: „Ich!"

Max: „Nein, das ist gemein! Du (zeigt auf die Erzieherin) sollst abzählen!"

Jonas: „O.K.!"

Erzieherin: „Also, ich mache jetzt einen Abzählreim und bei dem er endet, der darf erstmal mit dem Polizeiauto spielen. Richtig?"

Jonas: „Ja!"

Max: „Ja!"

Wenn die Kinder sich geeinigt haben, kann zum Zeichen des „Sich-Vertragens" ein Ritual entwickelt werden. Zum Beispiel können sich die Kinder die Hand geben oder sich „Abklatschen" (give me five!).

Vier Bausteine für die Meditation mit Kindern

Zu einer Mediation mit Kindern gehören vier Bausteine:

1. Beteiligte Kinder
2. Erzieherin als Mediatorin
3. Raum und Zeit
4. Grundregeln.

Die Grundregeln lauten:

1. Lasst den anderen ausreden
2. Hört euch zu
3. Es wird keiner beschimpft

Die Erzieherin ist in der Rolle der Vermittlerin/Mediatorin. Den Kindern wird dabei klar, dass sie gleichwertige Gesprächspartner sind und die Verantwortung für den Verlauf der Konfliktlösung gemeinsam tragen.

Fünf Phasen der Konfliktklärung zwischen Kindern

Phase 1: Einleitung

- neutralen Ort finden
- Trost spenden und in den Arm nehmen
- Gegenstand des Konfliktes mitnehmen (Auto o.ä.)
- Grundregeln

Phase 2: Konfliktdarstellung

Jedes Kind schildert die Sichtweise des Konfliktes

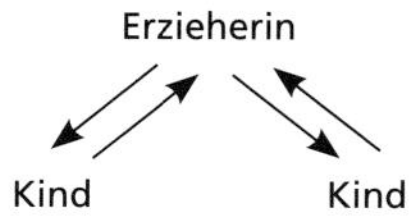

Erzieherin
- wiederholt
- spiegelt und
- benennt wichtige Streitpunkte

Phase 3: Konfliktbearbeitung

Ziel ist es, die Hintergründe für den Streit zu erhellen und gegenseitiges Verständnis zu wecken.

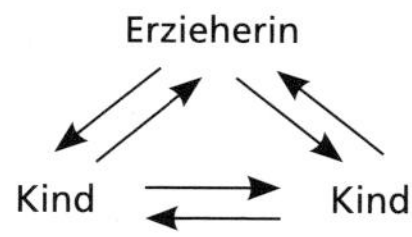

Erzieherin hört „aktiv zu" und schaut, welche Gefühle der Streit bei den Kindern freisetzt. Welche Bedürfnisse und Interessen haben die Kinder?

Phase 4: Problemlösung

Die Kinder werden aufgefordert, Vorschläge zu machen, um weiterspielen zu können.

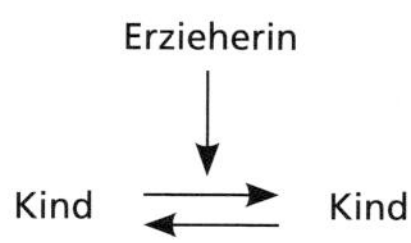

- Lösungsvorschläge werden ohne Wertung gesammelt
- ggf. muss die Erzieherin bei den Lösungsvorschlägen helfen
- Kinder müssen der Lösung alle zustimmen

Phase 5: Vereinbarung

Zum Zeichen des Vertragens geben sich die Kinder die Hand.

Mit diesen fünf Schritten haben Sie nun die Grundtechnik der Mediation erfahren und können damit einen Konflikt mit den Kindern optimal lösen. Am besten kopieren Sie sich diese Schritte (→ S. 70) und benutzen sie als Hilfe für das alltägliche, immer wieder spannende „Streit-schlichten".

Eine neue Konfliktkultur

Die Basis für diese Art der Konfliktbearbeitung ist das Gespräch – das Reden! Der Austausch miteinander, das Zuhören und der Prozess der Auseinandersetzung mit dem anderen sind wichtige Bausteine beim Erlernen von Sozialkompetenz und Konfliktbereitschaft. Nur so lernen Kinder, sich richtig zu streiten und werden konfliktfähig.

Mit Hilfe der Mediation erfahren sie, wie es ist, sich auf einen Dialog mit dem anderen einzulassen. Sie lernen, nicht nur auf ihre eigene Sichtweise und ihre individuellen Gefühle zu hören, sondern auch, sich in die Welt des anderen hineinzudenken und seine Perspektive zu verstehen. Sie erleben, dass Gefühle wie Wut und Zorn im Leben dazugehören, akzeptiert und verstanden werden.

Dabei kann die Erzieherin das Sprachverständnis und den Wortschatz der Kinder wunderbar erweitern, indem sie den Kindern hilft, ihre Gefühle in Worte zu fassen. Sie kann erwähnen: „Ich habe das Gefühl, dass du jetzt stinkesauer bist." Oder sie konstatiert: „So, wie du dich gerade verhalten hast, war das ziemlich respektlos!" Den Kindern Worte wie „Respekt", „Achtung", „Wertschätzung" und deren Bedeutung beizubringen ist für unsere Gesellschaft ein wichtiges Gut und die Basis für ein kommunikatives Miteinander.

Kinder können die Grundtechnik der Mediation lernen. Sie sind sehr gut in der Lage, eigene Lösungen für ihren Streit zu finden. Und diese Lösungen sind oft so fantasievoll und ungewöhnlich, dass man als Erwachsener nur darüber staunen kann. Wichtig ist es, dass die Erzieherin diese Lösungen nicht wertet oder in Frage stellt. Die Problemlösung der Kinder muss nicht die Lösung der Erzieherin sein. Die Erfahrungen mit der Konfliktbearbeitung müssen die Kinder selbst machen und lernen wiederum daraus.

Interview ?!

Martina Kolthoff: Sie haben eine Fortbildung zum Thema „Mediation“ besucht. Wie gehen Sie heute mit einem Streitfall zwischen Kindern um?

Erzieherin: Seitdem ich eine Fortbildung gemacht und die Methode der Mediation kennen gelernt habe, gehe ich viel entspannter in einen Konflikt hinein. Ich weiß ja jetzt, dass ich nicht mehr für die Lösung des Konflikts zuständig bin. Es fällt mir manchmal noch etwas schwer zu vermitteln und mich zurückzuhalten. Aber wir, die Kinder und ich, arbeiten jetzt gemeinsam an dem Problem. Das entspannt die Sache enorm!

Analyse

Die Erzieherin beobachtet ihre Gruppe permanent. Sie kennt ihre Kinder, weiß um deren soziale Kompetenz, ihre Spielgewohnheiten, die jeweiligen Spielpartner und um einzelne, die Außenseiterrollen übernehmen. Diese Beobachtungen sind wichtig für die Mediation. Es gilt, sich nicht sofort in einen Streit zwischen den Kindern einzumischen. Die Kinder sollten ruhig versuchen, erst einmal für sich selbst eine Lösung zu finden – das schaffen sie oft schon von ganz alleine. Vor allem, wenn sie gewohnt sind, ihre Konflikt mediativ zu lösen. Diese Kinder reden viel mehr miteinander und streiten sich weit weniger. Das Aggressionspotenzial in der Gruppe nimmt ab, denn die Kinder haben gelernt, über ihren Konflikt zu reden, dem anderen zuzuhören und eine gemeinsame Lösung zu finden.

Eine zentrale Frage lautet: Wie schwerwiegend ist der Konflikt? Streiten sich zwei Kinder etwa um ein Spielzeug – sind aber ansonsten Freunde und spielen in der Regel recht harmonisch zusammen –, sollte die Mediation nicht zu lange dauern, da die Kinder sich ja mitten im Spiel befinden. Längere Grundsatzdiskussionen lähmen dann nur den Spielfluss. Anders verhält es sich, wenn ein Kind permanent andere ärgert oder Dinge zerstört. In einem solchen Fall wird sich die Erzieherin intensiv Zeit für eine Mediation nehmen und herausfinden, welche Gefühle und Bedürfnisse das Kind zu diesem Verhalten veranlasst haben.

> Auf welchem Weg der Konfliktlösung unter den Kindern befinden Sie sich im Moment? Welche Richtung werden Sie einschlagen? Die Methode, Konflikte gemeinsam mit den Kindern zu lösen, stärkt ihr Selbstwertgefühl und ihr Selbstvertrauen und hilft ihnen, Verständnis für den anderen zu entwickeln.

So gelingen Gespräche mit Kindern

Es gibt im Kindergartenalltag eine Fülle von Möglichkeiten, mit Kindern zu reden – und es sollte jeder Anlass genutzt werden, diese Chance auch zu ergreifen. Vielleicht ist ein Kind hingefallen und braucht ein Pflaster ... Diese Gelegenheit eignet sich dazu, um über das Gefühl des „Schmerzes" zu reden. Vielleicht auch darüber, wo es denn genau weh tut und wie das Ganze passiert ist. Wo das Kind gerade gespielt hat und dass es jetzt eine kleine Pause braucht. Hier besteht eine gute Gelegenheit, eine erlebte Situation bewusst zu machen und den körperlichen und seelischen Schmerz aufzuarbeiten. Dazu gehört, sich auch einmal ganz alleine mit dem Kind zurückziehen, sich Zeit zu nehmen und ihm zu sagen: „Jetzt kümmere ich mich mal nur um dich. Jetzt reden wir mal ganz in Ruhe zusammen!" So kann aus einem ganz alltäglichen Anlass ein tief greifendes Gespräch entstehen.

Durch unsere Sprache können wir Mitgefühl ausdrücken, motivieren und bestätigen. Das hat zur Folge, dass wir zur wichtigen Bezugs- und Vertrauensperson der Kinder werden. Darüber hinaus sind Erzieherinnen auch die Vorbilder der Kinder für die verbale und nonverbale Kommunikation: Die Art und Weise, wie Erzieherinnen mit den Kindern im Kontakt sind und auch miteinander sprechen, ahmen Kinder nach. Das heißt: Kommunizieren die Erzieherinnen viel und auf sprachlich gutem Niveau mit den Kindern, bekommen diese auch einen qualitativ guten Zugang zur Sprache. Aus diesem Grund sollten Erzieherinnen sehr stark auf ihr Kommunikationsverhalten, ihre Körpersprache und ihre Ausdrücke achten.

- Zeigen Sie den Kindern, dass Sie Freude daran haben, mit ihnen ins Gespräch zu kommen (→ die Gesprächsanlässe auf den Seiten 24 ff.)
- Reden Sie nicht permanent auf die Kinder ein, sondern achten Sie auf deren Reaktion. Führen Sie keine langen Monologe, sondern beziehen Sie die Kinder ständig in den Dialog mit ein, indem Sie öfter einmal eine bewusste Pause machen.
- Signalisieren Sie Interesse und Neugierde für das, was das Kind sagt und denkt. Seien Sie dabei ehrlich. Manchmal ist

es auch wichtig, ein Gespräch auf einen späteren Zeitpunkt zu verschieben, weil man vielleicht gerade keine Zeit (oder Lust?) hat. Geheucheltes Interesse hilft keinem!

- Nehmen Sie sich Zeit für ein Gespräch. Bei manchen Kindern dauert es länger, bis sie die Zusammenhänge erklären können und die richtigen Worte finden.
- Kommen Sie mit den Kindern über ihre Interessen und Hobbys ins Gespräch. Loben und stärken Sie die Kinder.
- Sprechen Sie mit den Kindern auch über Erlebnisse außerhalb des Kindergartens.
- Achten Sie darauf, welches Sprachniveau die Kinder mitbringen. Ihre Unterhaltung sollte immer ein wenig über diesem Niveau liegen.
- Reden Sie in einer normalen Lautstärke. Werden Sie nicht lauter als die Kinder. Dabei sollten Sie auf die Betonung und Ihre Stimmlage achten.
- Für die Selbstreflexion ist es hilfreich, manchmal ein Gespräch mit Kindern auf einem Tonband mitzuschneiden oder per Videokamera aufzunehmen. Jeder, der so etwas schon einmal gemacht hat, weiß, dass dieses Vorgehen am Anfang viel Überwindung kostet. Aber es lohnt sich: Die eigene sprachliche Kompetenz und auch die Körpersprache können wunderbar überprüft werden.

Spreche ich in grammatikalisch richtigen und vollständigen Sätzen? Spreche ich langsam und deutlich, so dass mir die Kinder im Gespräch folgen können? Sind meine Sätze womöglich zu lang und der Inhalt zu kompliziert für die Kinder zu verstehen? Benutze ich Wörter, die die Kinder kennen?

Wie sind meine Körperhaltung und Körpersprache? Verhalte ich mich den Kindern zugewandt und schaue ich sie beim Sprechen an? Beziehe ich alle Kinder mit in das Gespräch ein?

Von sich sprechen – Ich-Botschaften

Wenn eine Erzieherin etwas sagen möchte, sei es, dass sie eine Anweisung geben, ihrem Ärger Luft machen, jemanden loben oder zurechtweisen will, kann sie das auf ganz unterschiedliche Art und Weise tun. Dabei macht es einen großen Unterschied, ob sie ihre Aussage als „Ich"- oder als „Du"-Botschaft formuliert!

Spricht eine Erzieherin in der „Ich-Sprache", sagt sie etwas über ihre eigenen Gefühle, Stimmungen und Wünsche aus. Auf diese Weise kommt ihre eigene Meinung zum Tragen. Ihre Aussage wird authentisch. Äußert sie sich dagegen in der „Du-Sprache", fühlt sich das Kind sofort kritisiert und schuldig für sein Verhalten. Es blockt ab und man hat Mühe, weiteren Zugang zu ihm zu bekommen.

Fallbeispiel

Im engen Gruppenraum haben mehrere Kinder ein lautstarkes Fange-Spiel begonnen. Die Erzieherin greift ein. Version 1 zeigt, wie sich eine „Du"-Botschaft anhört und Version 2 gibt die bessere Lösung aus der „Ich"-Perspektive wieder.

Version 1: „Seid ihr total verrückt geworden, hier im Gruppenraum zwischen den Stühlen fangen zu spielen?"

Version 2: „Bitte hört sofort auf, fangen zu spielen. Ich habe Angst, dass ihr euch verletzt. Geht doch dazu in die Halle oder auf den Spielplatz."

Werden Kinder in der Form von Ich-Botschaften angesprochen,

- werden sie viel zugänglicher. Die Kinder zeigen Verantwortungsbewusstsein für ihr Handeln, wenn ihnen ehrlich gesagt wird, wie andere fühlen und denken
- fühlen sie sich respektiert und wertgeschätzt
- werden sie versuchen, eigene Lösungen für ihre Probleme und Streitigkeiten zu finden
- werden sie lernen, über ihre eigenen Gefühle und Empfindungen zu reden und diese auszudrücken
- zeigen sie mehr Verständnis für ihre Mitmenschen

- wird der Dialog mit ihnen ehrlicher und beide Seiten werden zugänglicher für Veränderungen.

Senden Sie in aller Regel „Ich-Botschaften" aus? Für eine gute Kommunikation und eine gute Beziehung zu anderen ist es ausschlaggebend, über die eigenen Gefühle offen und ehrlich zu sprechen. Egal, ob es sich um so genannte „negative" oder „positive" Gefühle handelt.

Spiegeln

Die Methode des „Spiegelns" oder „Paraphrasierens" wird verwendet, um dem Kind zu signalisieren, dass seine Aussage richtig verstanden wurde. Beim „Spiegeln" gibt man die Gedanken des Kindes mit eigenen Worten unverfälscht wieder. Es dürfen keine Zusätze oder Änderungen gemacht werden. Dem Kind wird signalisiert, dass ihm intensiv zugehört wird. Dabei kann man sich auch selbst kontrollieren, ob man den Sachverhalt wirklich richtig verstanden hat.

Fallbeispiel

Katharina (5 Jahre) beschwert sich: „Ich will ein Bild malen und Julia hat den ganzen Kasten mit den Buntstiften zu sich gestellt. Jetzt komme ich da überhaupt nicht mehr dran!"

Die **Erzieherin Anna** spiegelt die Aussage: „Du möchtest ein Bild malen und kommst nicht an die Buntstifte, weil Julia den ganzen Kasten zu sich gestellt hat?"

Aktives Zuhören

Das aktive Zuhören ist ein einfühlendes Zuhören. Die Erzieherin versucht, die Empfindungen und Gefühle des Kindes herauszuhören und zu verbalisieren. Dadurch fühlen sich die Kinder verstanden und akzeptiert. Das aktive Zuhören bedeutet eine Steigerung des „Spiegelns", da hier versteckte Gefühle „entschlüsselt" und mitgeteilt werden. Erzieherinnen können Kinder durch das aktive Zuhören zum Mehr-Erzählen ermutigen, so dass das Gespräch an Tiefe gewinnt.

Das aktive Zuhören und das Spiegeln müssen nicht unbedingt die eigene Meinung wiedergeben. Hierbei geht es ausschließlich darum, das Kind und seine Aussage besser verstehen zu lernen. Ein Ziel im Gespräch mit Kindern besteht darin, dass sie sich verstanden und angenommen fühlen.

Hören Sie aufmerksam zu

- Schenken Sie dem Kind Ihre ungeteilte Aufmerksamkeit und ermutigen Sie es, zu sprechen – durch Ihre Körpersprache wie Mimik, Sitzhaltung und Blickkontakt. Regulieren Sie die Geschwindigkeit beim Erzählen, damit Sie auch alles verstehen: „Soviel krieg´ ich auf einmal nicht mit …"
- Spiegeln Sie die Inhalte der Erzählung des Kindes, damit Sie der Geschichte folgen können.

Stellen Sie offene Fragen

- Benutzen Sie so genannte „Türöffner". Türöffner sind Fragen, die die Kinder motivieren, mehr zu erzählen – zum Beispiel: „Kannst du mehr darüber erzählen?" „Was passierte dann?" Offene Fragen lassen viel Spielraum zum Antworten.
- Stellen Sie keine „Warum-Fragen". Sie sind absolute Gesprächskiller. Zum einen wissen Kinder oft selbst nicht, warum sie so oder so gehandelt haben, zum anderen signalisiert diese Frage immer eine Schuldzuweisung.

Geben Sie Gefühle wieder

- Helfen Sie den Kindern, ihre Gefühle zu äußern, zu klären und zu benennen. Dabei sind folgende Formulierungen hilfreich: „Das klingt wie …" „Das hört sich an, als ob …" „Ich habe den Eindruck, dass …"
- Lassen Sie auch Gefühle wie Ärger, Angst und Wut zu.
- Denken Sie daran, bei einem Konflikt vernachlässigte Gefühle wie Freude, Stolz und Begeisterung zu benennen.

Nun haben Sie eine Menge „Handwerkszeug" bekommen, damit die Kommunikation mit Kindern noch besser gelingt. Nutzen Sie die Chance und experimentieren Sie ruhig ein wenig, um auf neuen Wegen zum Ziel zu kommen. Welche Erfahrungen machen Sie dabei? Wie verändert sich die Gesprächskultur mit Kindern in Ihrer Einrichtung?

Literaturtipps

Bensberger Studien 16: Brücken zueinander bauen. Thomas-Morus-Akademie Bensberg

Besemer, Christoph (2001): Mediation – Vermittlung in Konflikten, Stiftung gewaltfreies Leben, Werkstatt für Gewaltfreie Aktion. Baden

Bröder, Monika (1999): Gesprächsführung im Kindergarten, Praxisbuch Kita. Freiburg: Herder

Delfos, Martine F. (2004): „Sag mir mal ...", Gesprächsführung im Kindergarten. Weinheim/Basel: Beltz

Faller, Kurt/Faller, Sabine (2002): Kinder können Konflikte klären. Münster: Ökotopia

Schultz von Thun, Friedemann (1999): Miteinander reden, Band 1 und 2. Reinbek bei Hamburg: RoRoRo

Zimmer, Renate (1996): Handbuch der Bewegungserziehung. Freiburg: Herder

Zollinger, Barbara (2002): Die Entdeckung der Sprache. Bern: Verlag Paul Haupt

Internettips

www.kindergartenpädagogik.de

Hier wird eine Fülle von Fachartikeln zu den unterschiedlichsten Themen aus der Kindergartenpädagogik ins Netz gestellt.

www.kindergarten-heute.de

Diese Website gibt Informationen über die pädagogische Arbeit und bringt Fachartikel zu aktuellen Themen. Auch Arbeitshilfen, Adressen und Materialien rund um das große Berufsfeld der Erzieherinnen

www.bmfsfj.de

Das Bundesministerium für Familie, Senioren, Frauen und Jugend informiert über aktuelle politische Themen, hält Gesetzestexte zum Runterladen bereit und informiert über das Ministerium und seine Zuständigkeiten.

www.familienhandbuch.de

Auf dieser Internetseite geht es um das große Thema „Familie". Antworten auf die unterschiedlichsten Fragen über Gesundheit, Haus und Garten, Multimedia etc.